拆破生活的「謊言」，

在情緒潰堤之前

氛圍重建 × 性格解析 × 金錢控制 × 行為探討

[illegible]，揭開「偽裝」的人生

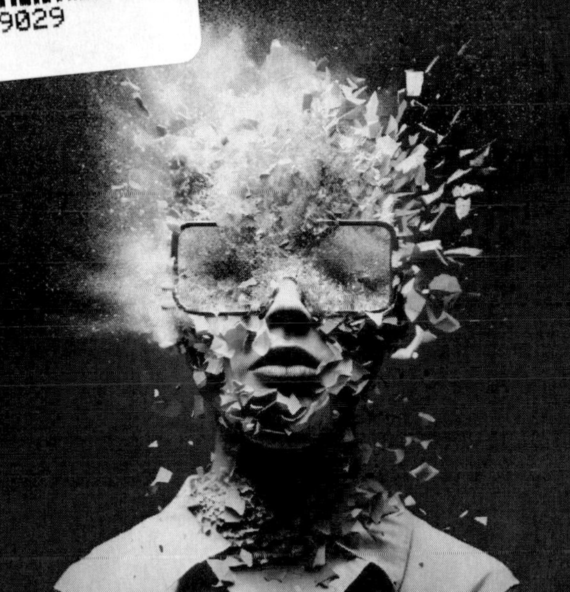

安妮・佩森・考爾（Annie Payson Call）著
佘卓桓 譯

總是主張「以和為貴」的人，往往第一個暴走？

從小生活在讚美中，「自由」也受到了相應的損害？

經常出現「壓力型幻覺」，先問問「自我重要感」是否過高？

當我們擁有的越來越多，內心卻越來越負擔；
生活中的每一道細節，你都細細品味過了嗎？

目錄

目錄

第一章　家庭事宜

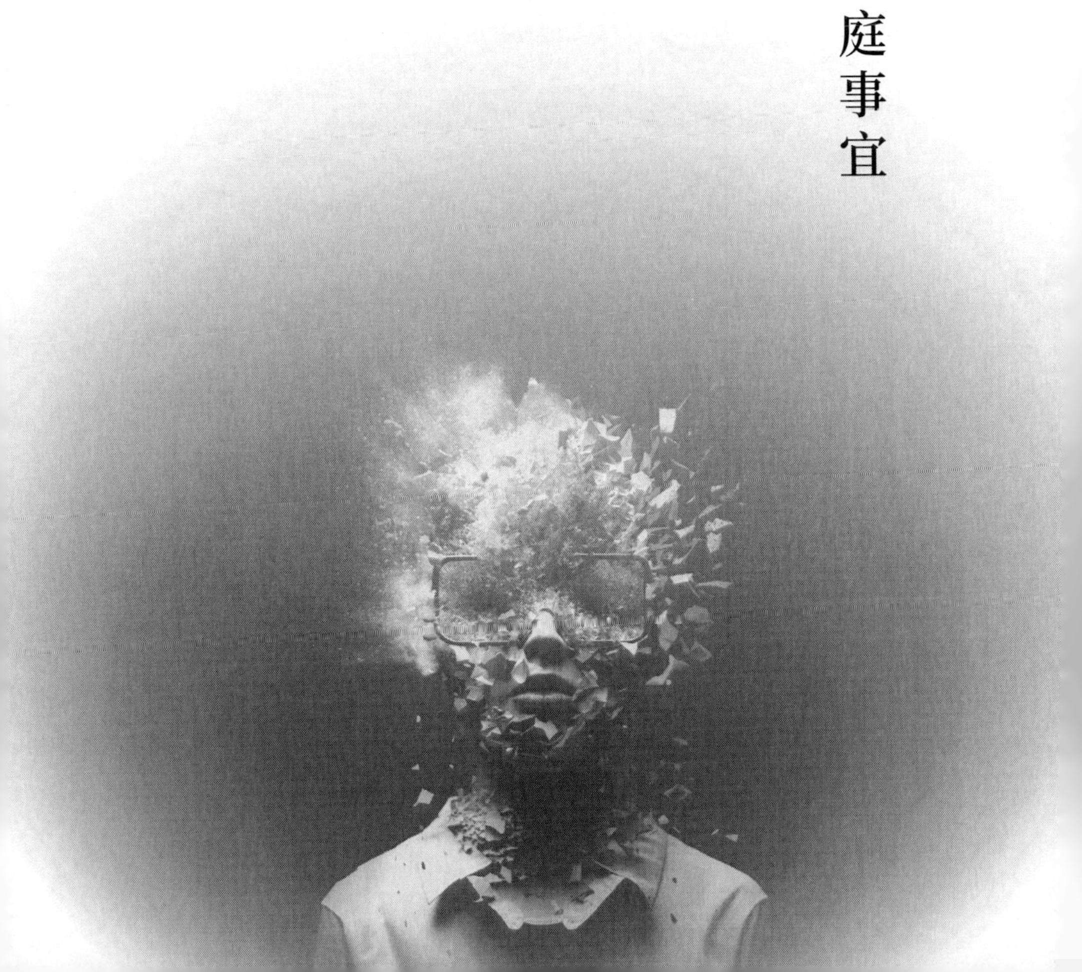

我們都相信一件事，即不論命運有多麼不公，都能心甘情願地去接受，並將逆境視為鍛鍊品格的力量，與提升為他人服務的能力的一個機會。所以，千萬不要將個人的負擔當作一種限制。我們深信，不論別人多麼不好、多麼不友善或不公平，我們也不應該懷著主觀惡意的態度去面對這些不公與不善，而是應該首先進行自我反省——審視別人對自己的批評是否恰如其分，看看批評者對我們所持的觀點是否正確。不管別人對我們做出多麼不友善或不公正的評價，我們都只能埋怨自己。與此同時，我們對別人還必須嚴格堅持友善及公正的態度。當我們完全擺脫了憤怒與不滿的情緒之後，才能以客觀公正的態度去看待事情的全貌；這樣做有助於減輕批評者心中不滿的情緒，或是不友善的行為。

我們相信如果只是單純地控制外在舉止，卻沒有改變內在想法的話，就只能演變成壓抑外在舉動的行為；真正的自我控制是控制內在的信念，不管是讚美還是反對。透過改變內在信念，我們就能在現實生活中以一種自然的狀態來控制自己的行為。當我們因為發自內心去熱愛心靈的態度，而變得安靜、友善、慷慨與不抱怨時，我們的行為將依照比自身更為強大的法則來進行，並且遵循這樣一條唯一的、能讓我們獲得自由的法則。我們知道，這樣的自由是需要為之努力的，而且必須經過艱苦、持久的努力才能獲得。我們深知，在這段充滿艱辛的旅程中很可能會多次摔倒，但我們絕對不能沉浸於失敗之中，而是要爬起來、勇敢抬起腳步，滿懷自信地繼續向前。一旦我們看到自己為之奮鬥的目標變得越發清晰時，一切負擔就不會顯得過於沉重，任何苦楚都不會顯得難以承受，因為我們正在走向勝利、自由與幫助別人的道路上。本書所寫的一系列文章就是在闡述如何將這些原則具體應用於現實生活中。

處於「相愛」的狀態，與「愛」本身的區別是很大的；這種「相愛」的感覺可能只是一種純粹的、自私的情感，與愛的真實含義截然相反。在不了解愛的真實含義的情況下去愛別人，其實是一種束縛——有時可能覺得愉快，有時則感覺痛苦——但不論怎樣，這都是束縛。真正的愛意味著自由——當我們真心愛某人的時候，我們會愛他的優點、他的能力，為他的幸福而感到幸福，而不是只考慮我們自身。所以，真愛才能帶給我們自由，賜予我們所愛之人力量。

曾經，某個家庭的一位母親深深地「愛」著她的丈夫，但她的丈夫，卻深深地愛著他自己。這位丈夫經常以自己是良好的自律者而驕傲，並為自己按照嚴謹的教育方式將孩子撫養成人感到無比的自豪。但實際上，他只是完全按照自己的意願去教育孩子，並沒有根據孩子的潛能因材施教；他努力地按照自己的想法去培養孩子，卻忽視了孩子身上某些與他教育方式不相容的特點。因此，他的行為在不經意間產生了讓別人感到沉重壓力的「邪惡」。雖然這位母親性情溫和，本來是可以真正為孩子利益著想的，但是她不想讓丈夫感到不快；為了贏得丈夫的歡喜，反而放棄了自己更良好的判斷力。這樣的默許與放縱導致這個家庭裡的每個人都處於長期壓抑的狀態。孩子們感到強烈的恐懼與壓抑，因為他們根本沒有發洩自身痛苦的出口，所有的緊張與壓抑都累積在他們小小的腦袋裡，在他們長大成人時，最終必將顯露無遺。這種發洩的表現方式不是以一種更加讓人痛苦的方式，就是以一種自我放縱的形式展現出來——這顯然是孩子們對自己從小就壓抑已久的緊張與束縛的劇烈釋放。

在這個家庭，產生長久束縛感的不只是孩子，還有他們的母親。身為母親，她感覺到丈夫的行為方式與自己天然的母愛產生了衝突。她比丈夫更了解孩子的行為，潛意識中似乎也知道自己放棄了對孩子的愛，而只是一味地任由丈夫「胡作非為」以及滿足他的私欲。這樣的意識也會讓這位母親處於嚴重的神經緊繃狀態。

這位父親時時刻刻保持著自負的思想。對一個人來說，為了隨時展現自身高尚的情操而努力，其實就是產生壓力的根源之一。要是他的個性比較敏感，那他就可能在漫長的歲月裡自我瓦解；倘若他不是個性敏感的類型，那麼也會隨著年齡的增加而變得越加粗野。

在另一個家庭中，同樣有著巨大的壓力與束縛，但表現出來的形式卻完全不一樣。父母和孩子都有各自的興趣與愛好，吃飯的時間也完全不一樣。每個人對家裡的其他成員都缺乏容忍，雖然他們在外人面前表現出了良好的教養，不至於發生爭吵，但是到他們家做客的人卻都不想待太久，因為每個人都能感覺到這個家瀰漫著壓抑的氣氛。這個家庭的孩子長大以後，都想到其他地方休息一段時間，以避免受到家庭帶來的壓力影響，這似乎也是完全可以理解的。

或許，家庭生活中最大的壓力，就是每個家庭成員都太過注重外在的良好舉止；太過注重每個人的外在行為，卻漠視了互相理解與憐惜的重要性。每個人都會

對他人這種「善意的關心」感到壓抑，誰也不會真正坦誠自己所感到的壓力，因為他們覺得別人會覺得這是一種不友好的行為。最後，家庭的氣氛變得極其壓抑，每個人都在心中鬱積著一股仇恨，只是沒有表達出來，但誰都能感受得到。

我想起了性格屬於這種類型的兩姐妹。她們總是在語言上讚美對方——卻不敢做一些讓自己感到快樂的事情，因為她們害怕對方會產生受傷或被遺棄的感覺——縱使這些事情是美好的、有意義的。這兩姐妹的個性並不相似，興趣也完全不同。如果她們都可以自由地表達出自己的興趣與愛好，就可能給對方帶來快樂，她們的生活也可以得到持續的拓展。在互相尊重彼此觀點的前提下，她們的親密感會更加強烈，而且隨著時間的流逝，還能夠促進感情；不但是好姐妹，甚至能夠變成親密的朋友。但是，她們現在有一種心態——只重視外在表現，內心卻無時無刻害怕打擾對方、不敢試著去做自己喜歡的事情，這讓她們背上了沉重的包袱。每個能夠感受到她們這種壓力的人都會對此感到遺憾，因為她們實際上都是非常優秀的女性，有能力去做很多有意義的事情，能給許多人帶來真正的快樂。但是，她們卻習慣了彼此「表面上的友善」，並且將這種錯誤的標準一直延續下去，讓她們覺得想要改變這種習慣是不可能的。

這些「友善」的人想要向快樂轉變的困難點在於，愛上某個人之前，必須先了解何謂自私的滿足感、自己厭惡甚至是仇恨哪些東西，這些東西很可能深藏在舉止友善的表面之下。

這種認知可能與別人眼中看到的良好舉止形成兩個極端，與別人心中所懷抱的那種信念——她是向別人無私奉獻的——完全相反。如果某人在無意識的情況下表現出惱怒或是厭惡的情緒，她一定會因為發現了自己內心的仇恨而感到由衷地震驚，並且會立即產生遠離這些東西的想法。接下來，她就會學到寬容，進而讓別人獲得自由的愛。最為重要的是，她會學到一點：只有當我們尊重他人的自由時，才真的有可能接近並愛上對方。

例如在父親強勢、母親弱勢的家庭中，當父親意識到了自身的自負與強勢，就會發揮比自身更為強大的意志力與良好的判斷力，避免帶給孩子和妻子壓力，他會真正地關注妻兒內心的真實需求，那麼這個家庭的氣氛就能漸漸變得溫馨自在，而不是之前所感覺到的壓力與冷漠。如果母親明白了這個道理，就會向丈夫提出要求——如果為她好，就不要借著愛她的名義去做一些事情，而應該讓她去做一些她自己覺得對丈夫和孩子都有意義的事。那麼，她這種堅強、無私與大愛的精神，就可能會喚醒丈夫的男子氣概，隨著時間的流逝，他會更愛自己的妻子，因為妻子的堅持不懈讓他開拓了眼界。想像一下，這對孩子的未來會產生多麼深遠的影響。

家庭中的某個成員憑藉一己之力摒棄怨恨與個人的不滿，就能讓家裡充滿平和溫馨的氛圍。這需要細心與周全，需要我們不斷放棄自以為是的想法，洗滌心中的自私，那麼，我們將提升服務他人的能力。一般情況下，當某位家庭成員義無反顧地走上了無私的道路，那麼其他家庭成員也會隨之走上這條路，隨後，整個家庭都洋溢著無私的氣氛。

在這裡我們必須明白，為了表面的和平而做出軟弱屈服的行為，與為了正義而在原則上有所妥協，兩者有很大的區別。前者絕對不是無私的行為，雖然看上去很無私；我們的屈服只能增強他人自私的行為，但這不是正確的做法。

當人們隱藏自己真正的情感，表面上裝出一副心滿意足的樣子，但內心卻是波濤洶湧，感到極度憤懣，這種慢性的惱怒就會讓他積鬱成疾。這時我們所能做的，就是確保自己一定要有真誠的態度。若是在緊急情況下，某位朋友潛藏已久的惱怒爆發了，真正的想法從心底浮現出來了，我們如果能以平靜的心態去面對這種情況，那麼這種惱怒的情緒就會自然「熄滅」。那位曾經「珍視」惱怒情緒的人會為自己可以得到發洩而感恩，而不會在意之前忍受這些情緒時的想法。很多人在自己漫長的人生過程中，都背負著沉重的負擔，但他們卻又以友善的姿態示人，以此來掩蓋內心真實的情感。在這種情況下，不論男女只要能夠意識到自身存在的問題，與人進行友善、自然與友愛的交流，就能成功地根除這種「表裡不一」的行為。正是因為不明白這一點，才導致家庭中出現了許多無謂的爭吵與打鬧。

要想保持家庭氣氛的融洽，每個人都過上快樂的生活，我們需要顧及別人的感受。這不在於某些人需要壓抑自身的個性，來滿足其他人的意願，更不在於讓每個人都尊重其他人的利益。即使上述這些行為全都實現，家裡可能依然缺乏自由、歡樂與坦誠的氣氛。家庭快樂的泉源在於彼此都能夠互相尊重的神聖法則。如果我們能全心全意地尊重與事情本質相關的原則，那麼這種尊重的行為就能讓我們將尊重別人視為理所當然。這種尊重能夠讓我們友善、周到地對待別人——這不僅是為了別人，更是因為這樣的做法符合尊重神聖法則的要求。在我們尊重神聖法則的過程中，會自然而然地對別人產生愛意與互相理解的態度，如果缺少了這一前提，實在讓人無法想像。「在基本原則上一致，在無關緊要的事情上自由發揮，對所有事物都抱著仁慈之心」。世上每一位基督徒都承認，在面臨考驗的時候，對上帝與鄰居的愛意會被證明是遵循這一神聖法則的最基本要求。在這一前提下，我們才能過上幸福的家庭生活，讓家庭更加富有秩序、充滿人情味。

第二章　教育孩子

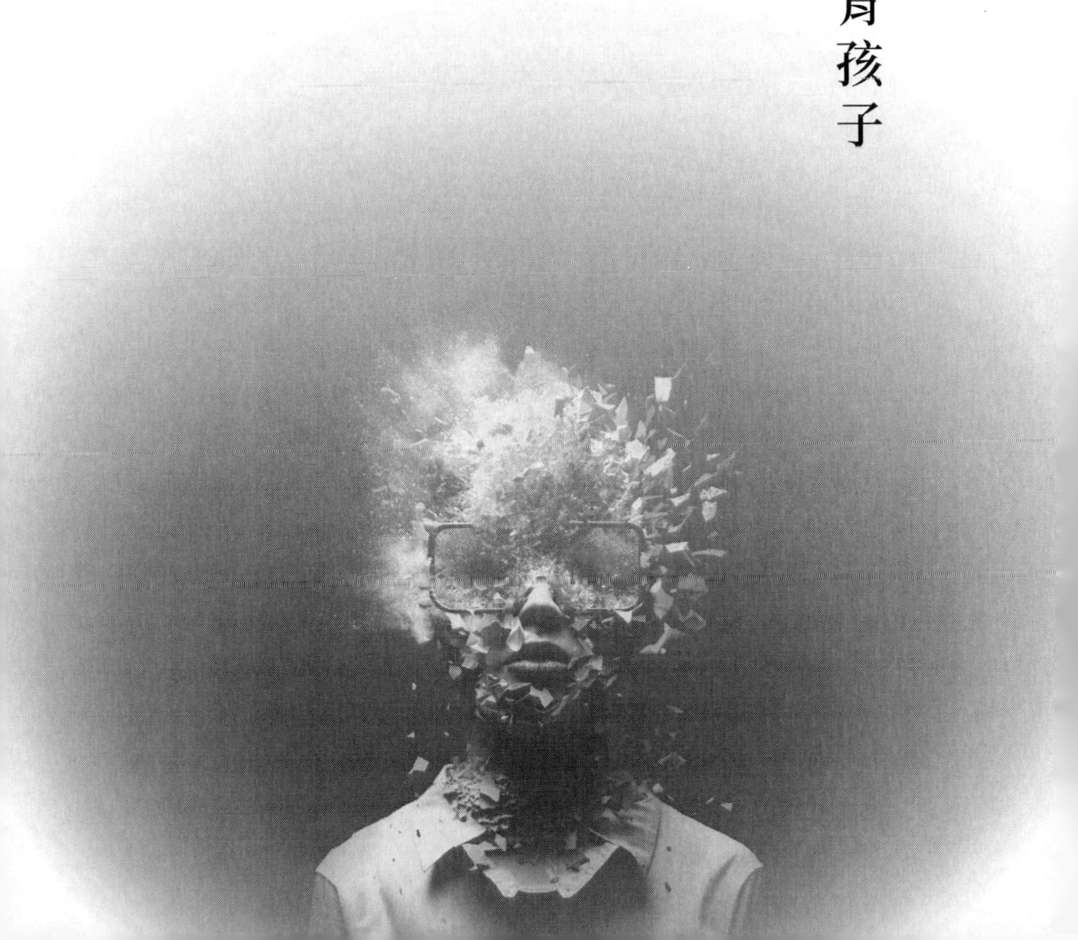

有兩個家庭，父母教育孩子的方式截然不同。我經常會這樣想，如果其中一個家庭教育的優點能夠彌補另一個家庭教育的缺點，那就太好了。如此平衡的教育方式將會多麼富有愛心，多麼容易發掘孩子的才華！事實上，良好教育的優點遠遠不止這些，要是這些良好的因素能注入到兩個家庭都缺乏的教育理念之中，那麼父母與孩子就會感到更加幸福、更加充滿力量。我記得在第一個家庭裡，父母是按照固定的原則來教育孩子的，孩子做事、說話都顯得很溫和，但卻完全受制於父母。這個家庭的孩子過著有規律的生活，接受著良好的教育，從來不吃任何缺乏營養的食物，晚上睡眠充足。但在很多時候，他們的行為顯得不夠自然，他們不過是父母手中的「玩偶」。

父母告知湯米要友善地對待妹妹以後，湯米的腦海裡又強化了自己要對妹妹好的這個念頭。

「湯米，你把蘋果讓給了妹妹吃，這不是很好嗎？你難道不覺得這樣做讓自己變得更開心了嗎？」

除了在孩子臉上看到了「我是個好孩子」的表情外，你還能從哪裡看到為人父母者這樣志得意滿的微笑呢？看到不少成年人流露出這樣的微笑，實在讓人感到悲哀；但在小孩子臉上看到這種微笑，那就不僅僅是可悲了，而是更讓人感到壓抑。

若母親正在家裡與客人聊天，這時孩子來到客廳——只要孩子的言行出現了什麼錯誤，不管這些言語或行為有多麼幼稚——母親肯定都會中止與客人的交談，對這個「可憐」的孩子進行一番語重心長的教育，客人就只能坐在一旁默默地聽著。

「湯米，親愛的，向這位女士伸手——不，不，是你的右手，湯米，現在來向史密斯夫人問好。」

湯米看起來一臉的無辜。

「湯米，快向史密斯夫人問好啊。」

最後，湯米問完好，終於逃了出來，而史密斯夫人的耐心也被磨光了，她無法與這位母親繼續之前的對話。其實，這位母親可以語氣平緩地與湯米談心，甚至可以跟湯米達成約定——下次家裡來客人的時候，他要表現得乖一點，讓客人感到滿意，這樣他自己也會覺得高興。這麼做有助於建立孩子與父母特殊的親密感。當父母與孩子的友情建立起來，那些懂得如何與孩子發展友情的父母，就可以更好地培養孩子了。但是，父母的品格必須夠堅強、成熟，才能讓他們和孩子之間的友情繼續維持下去。

上面這個家庭中，父母與孩子之間並不存在真正的友情，只有仔細培養、表面上的「友情」，這是父母故意控制孩子的一種表現。如果父母突然因為事故去世，只剩下孩子的話，那麼孩子本身的任性與紊亂就會在壓制解除後爆發出來，甚至連孩子自己都覺得不可思議。在了解自己所犯的錯誤後，如果他們的品格基礎夠牢固，就會去尋找屬於自己的個性與真正的自由。也許，一些孩子會從過去被父母壓抑的生活經歷中吸取教訓，但另外一些孩子卻可能一輩子都留下陰影。最讓人感到悲哀的是，這些父母還覺得自己是全心全意為孩子奉獻，是為了能夠讓孩子在這個世界上取得成功才去約束他們。很多父母認為，孩子從小表現出來的興趣就是他們的天賦所在，然後便按照孩子的「天賦」來培養他們。這些父母的情感非常真誠，但據我所知，孩子們也深信父母在培養他們時的選擇是明智的——不論是從精神方面或是自然天賦方面，都是如此。要想讓父母或是孩子看到真實的情況，這有些不太現實。很多時候，孩子失去了他們做事時自然的態度，就像一個小大人，顯得極為呆板，而且這些孩子很容易生病。很多人都會覺得奇怪，為什麼史密斯的孩子總是生病，而自己的孩子在成長過程中卻是那麼地健康並充滿活力。

如果這些孩子的父母覺得自己被人冒犯，或是覺得朋友傷害、忽視了自己的情感，那麼孩子也會跟著覺得受到了冒犯。因此，當某位朋友在拜訪這樣的家庭時，可以觀察孩子的舉止是否得體，以此判斷自己在孩子心中的地位。這些孩子在父母時時刻刻「訓話」的影響下，他們尚未發育完全的大腦和神經系統受到了壓抑，處於一種歇斯底里的狀態，就像一個溫度計，顯示出來的氣溫高低取決於父母的心態。事實上，這些孩子通常都是很有趣的，但父母卻沒有按著他們的本性去培養，即便他們所處的環境具備這樣的優勢。他們所做的事情都是在思考過後進行的，而不是單純的想法，因此這扼殺了他們溫暖、自然的情感，讓他們所謂的愛趨於病態，習慣於奉承別人和缺乏己見。

在另一個家庭裡，情況恰恰與此相反。在這個家庭中，我們感受更多的是父母天然的愛，而不是人為的教育。父母是在幫助孩子成為更好的男孩或女孩，你很難將此稱為「教育」。這樣的孩子待人友善大方，過著快樂自由的生活，他們深愛自己的父母親，言行舉止顯得極其自然，令人愉悅。第一次看到這些孩子的時候，你會覺得他們就是真實的自己。看到這些孩子自然快樂的樣子，友善地對待父母與他人，著實讓人感動。但是，當你對這些孩子進行一些考驗——這些考驗需要認真思考或是品格的力量，這時你就會發現這些孩子缺乏這些特質。你原先可能覺得，這就像小溪蕩起的漣漪，會幫助小溪繼續往前流淌，這些孩子也應該有能力去面對困難，不論這些困難是大是小。但最後我們卻發現，這些孩子對是非對錯的理解是最膚淺的。小溪潺潺的流水聲聽起來很悅耳，在陽光的照射下也很迷人，但卻無法轉動水車的輪子。

假設，如果某人真的不公平地對待孩子，然後你努力地向自己的孩子解釋，雖然那些孩子被不公平地對待，但是也不能反過來無禮地對待別人，孩子們聽完後，肯定會茫然無解。假設你對孩子們說他們在學校遇到的困難能，讓他們成為更優秀的人，並且能夠從困難中得到教訓，比如下面這個例子：

「威利，如果你不知道分數意味著什麼，你長大後，就很難在這個社會立足。」

在這個例子中，我們很可能會聽到威利茫然地回答「是……是」，拖長的口音說明他根本無法理解你所說的話。有趣的是，孩子看上去都非常聰明，具有天賦，但當你在教育他們時，卻發現那種感覺就像是在撞鐘時發現鐘根本不會響一樣，你只能用更為直接明瞭的因果關係。

要是父母能夠更加睿智、更加貼近實際，採用更簡單的方法去教育孩子、成為孩子的朋友，那麼孩子對事物的洞察力就會更加清晰，也會更具有活力。從某種程度上來說，這些孩子都處於父母不明智的管教之中，不過他們比其他家庭的孩子更加自然且具有活力。

在這兩類家庭中，如果父母不喜歡孩子，孩子不喜歡父母，那麼父母所有的錯誤就會在孩子身上流露出來。在第一個家庭裡，他們循規蹈矩，友善地對待彼此；在第二個家庭裡，家庭成員則顯得更加自然友善。

要是第一個家庭能少些規矩，多些自然的愛意，那麼教育效果就會更好；要是第二個家庭能多些規則，少些放縱，那麼教育效果也會更好。要是第一個家庭裡的父母能想著去多愛一些，要是第二個家庭能在愛的基礎上多一些思考，效果就會更好。即便這些改變能夠實現，使這兩個家庭的教育效果都有所提升，但他們所面臨的難題卻依然沒有得到絲毫解決。這兩類家庭所面臨的主要問題是，如果父母都懷著仇恨的心理，孩子也會懷著仇恨心理；如果父母都很自私並且習慣了抱怨，那麼孩子也會變得自私、喜歡抱怨；要是父母性格敏感，覺得自己很容易受傷害，那麼孩子的性格也會變得相同，以此類推。

教育孩子只有一條真正的途徑，那就是先教育自己。要是為人父母者都能明白這個道理，就會對父母及孩子產生難以估計的作用。滿懷教育孩子的責任及擁有為人父母的自傲，是相對容易的，而這就會讓我們無法意識到——要讓孩子遵循我們的教育法則，要自己先做到才行。如果我們有一塊屬於別人的白布，我們每天都用這塊白布擦拭骯髒的手，有一天這塊白布的主人突然想要回這塊白布，那麼這塊白布肯定髒到不行，而且全是皺褶。我們對待孩子也是如此，要是我們的手不夠乾淨，他們幼小的心靈就會留下我們的指印。有時，這些指印會被證明是汙點，無法被洗滌去除——至少在這個世界上無法。

孩子是託付給我們撫養的——他們並不屬於我們。孩子就是尚未成型的男人與女人，他們有自己的個性。如果父母能引導他們發揮出最大的潛能，那麼他們的個性就能夠獲得成長的機會與空間。

要是從孩子誕生的那一刻起，我無法與孩子建立互相幫助的關係，那就說明我還沒有做好成為孩子父親或母親的準備。要是我沒有從自己的童年經歷中學到教訓，然後用以教育孩子的話，那我就沒有做好引導或教育孩子的準備。孩子來到這個世界後要遵循他父母都遵循的法則，只有在父母都遵循自己灌輸給孩子的法則時，孩子才能真正遵循它們。孩子能迅速察覺父母是否真正遵循這種法則，然後據此來對父母的指引做出反應；孩子也能迅速察覺父母違背法則或是表裡不一的做法。要是某位母親為人誠實，性情溫和，讓孩子能像自己一樣在柔和與安靜的環境中成長，那她就要為依靠孩子降臨世間所具有的力量，幫助他翻越困難與障礙做好準備。

孩子與父母的陪伴關係就是這樣建立的，隨著不斷地進行真正的交流，這種關係會逐漸深化，直到孩子長大成人，與父母建立永恆的友情。父母得先學會自律，並以自身遵循神性法則的精神來要求自己的孩子，那麼父母與孩子之間嚴格的自律與深厚的信任感是可以建立起來的。孩子可以迅速覺察父母違反這些法則的行為，如果父母能夠接受別人對自己的真誠批評，那他們就會因為自己的坦誠而讓孩子對他們更為尊重，也更樂意遵循這些法則。

如果父母意識到了自己的自私，並加以克服，那麼從父母身上遺傳了自私傾向的孩子，克服這種傾向的能力就越強，越能培養無私的品格。相反，若是孩子的父母都沉浸在自私之中，那麼孩子的處境就會顯得很「危險」，因為孩子也會有樣學樣。

除非我們理解並相信，只有在自己遵循神性法則的前提下，要求孩子也去遵循這樣的法則，才能讓我們免於學識上的驕傲與自我重要感的迷霧，否則，我們的書籍、談話——所有關於教育孩子的理論都是毫無用處的。當我們依照自己遵循神性法則的愛意去教育孩子，就可以知道從哪裡開始、哪裡結束。我們將知道如何更自由地發展孩子的個性，如何更好地讓他們從我們的經歷中受益。在真正懂得如何教育孩子的家庭裡，我們看不到自私的愛或是占有的驕傲，也看不到父母專橫的控制，更沒有扭曲的家庭成見，有的只是父母與孩子之間從始至終真正的陪伴。在孩子還小的時候，就必須讓他們遵循神性法則，當然前提是我們也必須這樣做。我們可以在孩子缺乏知識時去教育他們；在他們長大成人以後，這種索取與回報就會變成一個互相的過程，對父母和孩子來說都是有幫助的。福祿貝爾曾經說過：「來吧，讓我們的人生達到教育孩子的標準。」德國的諺語在翻譯成英文時總是需要變化措辭的。這句話說明我們的生活對孩子是有很大責任的。讓我們好好生活，讓孩子清楚地知道我們對自身的標準，以及日常生活中、工作時所表現出來的精神。只有這樣，我們才能以對自身相同的原則來對待孩子，就讓彼此在一個熟悉的原則下，展開坦誠的合作，成為真正的朋友。就算很多孩子還沒有辦法完全理解父母的苦心，但他們肯定也能模糊地感知到這種精神。父母是怎樣的人，這在教育孩子的過程中要比他們的行為及語言更為重要。我們始終要記得一點，就是孩子只是尚未發育完全的男人和女人，我們有指引他們走向真正自由道路的責任及權利，但我們只有把自己的路走好，才能談論這一點。

第三章　良好的教養

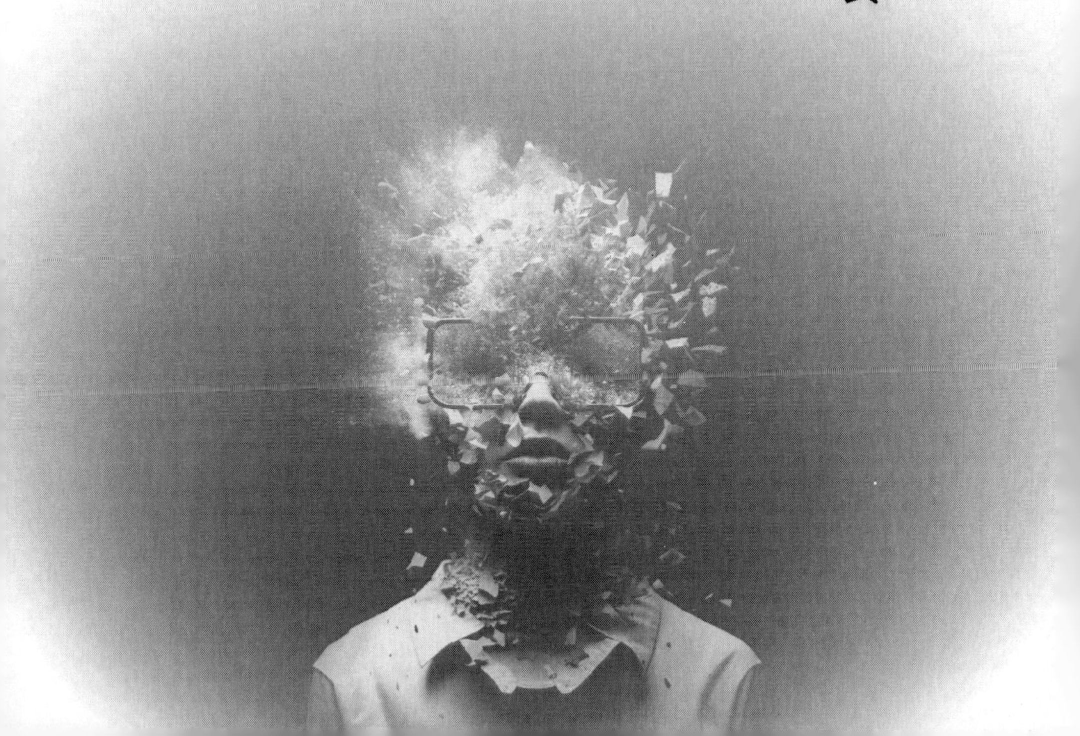

第三章　良好的教養

一位面容粗獷的老人正在自家花園的柵欄後面割草，這是一個美麗的花園。一位中年女士在路過的時候，忍不住叫同行的小姪女欣賞一下。她們在柵欄外看了一下，談論著各種花朵，最後這位女士鼓起勇氣與那位老人談話，雖然這位老人是她們的鄰居，但似乎對她們倆並不關心。

「伯奇先生，」女士非常有禮貌地說，「假如可以的話，我想帶我的小姪女進入你的花園欣賞一下這裡美麗的花朵。」

「嗯，」伯奇的視線都沒有從割草的鐮刀上離開，「我不會阻攔妳們的。」

小女孩用疑惑的雙眼看著自己的阿姨，但這位女士只是微微一笑，柔和地對伯奇說了聲「謝謝」，就領著姪女走上臺階，往花園裡走去。

在她們欣賞花園裡美麗的玫瑰花時，伯奇走過來，長柄鐮刀放在肩膀上，沒有絲毫猶豫，健步從客人和玫瑰花之間走了過去。

「伯奇先生，這些玫瑰花真美啊！」女士說。

「嗯，是……是的，是很……很美。」伯奇在經過時回答道。

伯奇似乎突然間想到了什麼，又朝她們倆走了回來——手裡拿著一朵最美麗的玫瑰花，遞給了小女孩，伸出手似乎要與女士握手。小女孩驚訝地看著阿姨，然後又看了看玫瑰花。這位女士的洞察力很強——就算伯奇的洞察力也很強，也難以發現這一點。所以，她立即說：

「親愛的，伯奇先生送給妳這朵美麗的玫瑰花，他這個人多好啊！」

小女孩聽到這句話後，臉上綻放著笑容，手裡拿著玫瑰花，輕輕說了聲「謝謝」。之後，伯奇便一言不發地走開了。當她們離開伯奇的花園後，小女孩將玫瑰花遞給她的阿姨，說：「瑪麗阿姨，這玫瑰花是送給妳的。難道伯奇這個人不會讓妳感到害怕嗎？」

「親愛的，妳怎麼能這樣說呢？」阿姨回答道，「他並不是一個讓人感到害怕的人，他希望我們欣賞他的花園，他也願意為妳摘下花園裡最美麗的花朵——他是一個非常友善的人，只不過他不懂得怎樣用最友善的方式去做而已。」

「不知道怎樣去做！」小女孩滿懷疑惑地說，「瑪麗阿姨，怎麼會呢？他在這個世界上已經活了這麼多年了！」

最後，小女孩默默思考了一陣子後，又問道：「瑪麗阿姨，妳認為伯奇先生想知道怎樣用最友善的方式去做事嗎？」

我曾經與一個人坐在一起用餐，這個人的舉止極為得體、優雅。他知識淵博，與他交談非常有趣。晚餐後，我與一位女性朋友在交談時談到了他，這位朋友也讚揚了他友善待人的行為，並且舉了許多關於他為人友善的例子，證明他是怎樣從各方面為別人著想，以免讓別人陷入麻煩或是不安。當那人走進客廳以後，我以全新的眼光審視他，他優雅從容的舉止再一次讓我留下深刻的印象。

幾個月後，我竟然在一列火車上遇到了他和他的夫人，這讓我感到既驚訝又開心。與老朋友敘舊，是一件讓人很愉悅的事情。因為我們都是坐火車去旅行的，所以決定在接下來的幾個星期一起行動。

在第一個星期裡，我對他的敬佩之情不斷增加，他似乎是我見過最有教養的人。但接下來的時間，我逐漸發現他的妻子總是為了能夠讓他覺得舒適自在而犧牲，而他卻沒有為她做任何事情，除非是連外人都覺得他忽視妻子的行為太過難看了，又或者是他對妻子的友善行為可以讓別人讚美他幾句，他才會應景似地做一下。他總是很有禮貌地對妻子說話，看起來一副很愛妻子的樣子。但他的這種愛似乎是建立在妻子能讓他感到舒適自在，並讓他免於煩惱的基礎上。妻子覺得丈夫是一個英雄，這不經意間助長了丈夫的自私，因為他真的覺得自己是一個友善、富有教養、具有基督精神的紳士。與我們一起旅行的一位朋友生病了，他在照顧這位朋友時顯得極為細心周到。他的妻子也為這位生病的朋友忙前忙後，做了很多事情，但她寧願讓自己站在不起眼的地方，以此彰顯丈夫的友善行為。

後來，我們遇到一些似乎對他這種「紳士」行為並不買單的朋友。他努力地克制心中的怒火，依然以良好的行為舉止去應對，但到了最後，他心裡的怒火燃燒得實在是太猛烈以至於無法控制了，粗暴的行為終於顯現出來，讓人感到非常低俗與殘暴。我從未見過幾秒鐘之前還風度翩翩的紳士，在幾秒鐘之後就變成一個滑稽小丑的場面。在旅程結束前，我們都還是非常「淳樸」的人，他依然沒能從以前用「紳士」風度待人的習慣中恢復過來，即便是表面功夫，也無法達到爆發前看上去為人淳樸的程度。雖然他也深知這一點，總是會說一些讓別人覺得愉悅的話，卻無法隱藏自己對身邊那些低級趣味者的鄙視態度。他讓我想起了吉爾伯特寫的一齣名叫《真相的宮殿》的戲劇。劇中的國王有一座宮殿，每個走進宮殿的人都必須說出內心真實的想法。國王這樣做只是想聽到自己希望聽到的話。國王唱了一首歌，就問大臣覺得怎麼樣。大臣恭敬地彎著腰，非常有禮貌地回答道：「陛下，這是一首很普通的歌，唱得也很普通。」這位大臣相信自己的意思其實是「陛下，多麼好聽的一首歌啊！你唱得多麼動聽啊！」所以，在真相的宮殿裡，每個人都在表露內心的真實想法，最後國王習慣了這樣的環境，導致自己丟掉了原先的護身符，這時他再也不想離開這個其實已經充斥著謊言的環境了。

我上文所寫的這個舉止優雅的人，其實就是生活在一個真實的「真相的宮殿」中，他表現出來的真誠經常受到一些讓他覺得厭惡的人的挑戰，但是他沒有利用這個機會去審視自己，以便更好地認清自己。只有旁觀者才能看到其中真實的一面，並從中明白一個道理，即良好的舉止與友善的行為，並不一定就是良好的教養或真正友善的表現方式。

當然，我在上文所舉的例子是最極端的。然而，我們在日常生活中都能看到相對溫和或不那麼冒犯的版本。我們可能沒有意識到，它也不會引起我們的注意——不知有多少表面上舉止得體的人，其實不能被稱為是擁有良好教養的；他們之所以舉止得體，是因為想要在他們認為最好的社會裡立足。我們最好認真地審視一下自己，看看自己良好舉止背後的真誠度。要是我們真心希望了解自己，就不會為了讓別人感覺自己看起來很好，而像是演戲一樣活得很辛苦，也不會為了贏得別人的讚嘆而假裝擁有良好的教養。要是我們能夠洞察到自己在生活中所展現出來的不真實，便有助於我們獲得真正良好的教養；要是我們時時刻刻保持警惕，避免各種偽裝假象，那麼缺乏真誠善意的良好舉止，很快就會比惡劣舉止本身更讓我們感到厭惡。

良好的舉止並不代表擁有良好的教養，就好像任何假花都無法讓一座花園變得美麗——如果我們能夠真正理解這一事實，並且按照這個事實出發，將幫助我們發現人世間許多常見的虛偽情景。

良好的教養，是用我們最讓人感到愉悅和友善的形式，來表達自己的真誠態度及對他人的友愛之情。

那位面容粗獷的園丁就不是一個擁有良好教養的人，雖然他本人很善良，但是這麼多年來，他一直都沒有努力去用友善的方式來表達自己的善意，所以在這背後肯定存在著某種自私的傾向，阻止他去改變這種粗魯——甚至是讓人反感的善意表達方式。一個人可以在毫無偽裝的情況下依然舉止優雅。對那些基本上表現得體的人來說，即便他們在餐桌上表現得不是很理想，但如果他們能在這些細節上做得好一些，一樣會很出色。我們都知道林肯在成長過程中所遇到的困難，但他的一位同齡人在談到林肯的舉止時，曾這樣說：「他擁有一種讓國王極為羨慕，讓普通人鄙視的尊嚴。」

那些看上去對別人細心周到，或是在每個細節上都表現得非常得體的自私者，並不具備良好的教養，因為他所表現出細心周到的友善，只是為了獲得別人讚許、一種極為自私的表現方式；他用令人愉悅的方式所展現出來的友善，不過是一個虛假的面具。要是我們真的想知道誰是教養良好的人，最好看他在緊急情況下的表現。很多假裝成教養很好的人在遭遇海難或是鐵路事故時，所有的偽裝都會褪去，露出他們的真面目。

一些人遺傳了某種友善的本能，但這也只是他們在生活中做給別人看的；只要稍微考驗一下，他們馬上就原形畢露。除非這些人能真正遵循神性法則，像愛自己那樣去愛鄰居，真正按照原則去生活，才能展現出真正的友善。我們之所以缺乏良好的教養，完全由於我們的祖父也是如此。要是我們遺傳了某種良好的性情，使我們始終滿懷著一顆感恩的心，就會明白很多遺傳下來的好習慣，都必須經過自身品格的千錘百鍊，才能真正為我們所用。要是我們遺傳了某些低俗的心靈習慣，但同時又有足夠的智慧與能力明白這一事實，那麼這些俗不可耐的習慣很快就能從我們身上消失，因為我們會主動將這些東西拋棄，轉而接受更為良好的影響。每個在地獄之外的男性都有成為紳士的可能，每個在地獄之外的女性都有成為淑女的可能。

所有良好的習俗都有其存在的正當理由。觀察力強的人都知道，具有良好教養的人無論到了哪裡，都很容易適應當地的習俗。對鄰居發自內心的熱愛能讓我們迅速了解別人所持的觀點，讓我們有能力以最恰當及必需的方式與別人溝通。當我們對自身的固有行為抱著自私的想法，就會對那些與我們持相反意見的人產生牴觸心理，導致難以理解或難以融入別人所處的風俗習慣中。

要是我們真的具有良好的教養，就會變得充滿愛心、細心周到、善於觀察，在言行舉止中迅速了解別人的需求。比方說，要是我們知道某人急於了解某則新聞，

但又沒有這樣的途徑，那我們就要努力為他著想，讓他盡快得到這個消息，而不是故意蒙蔽他。其實，我們可以在很多細節上為別人提供周到的服務，這對於教養良好的人來說絕對是有必要的。當我們這樣實踐的時候，就會發現自己能夠迅速感知別人是否需要幫助。

友善對待別人，包容別人與我們的差異，這是良好教養的根源，良好的舉止只是良好教養的枝條，然後才能開花結果。

要是這個「根」能夠牢牢扎在我們心裡，然後認真仔細地進行培育，不需要多久，我們就能用讓人愉悅的方式去表達善意了。

最後，讓我們繼續深入思考，審視一下造物主是如何採用令人愉悅的方式去創造萬物的。想像一下花朵的美麗，天空的湛藍，白雲的形狀與當它移動時所具有的優雅！我們心中滿懷著最深沉的敬意，欣賞並感知自然的美感，意識到宇宙之美背後的愛意——其實同樣存在於看似微不足道的人類層面——這種愛意就是所有良好教養的根源。人性最美好的品質就是上帝本身，當我們驅除了心中所有自私念頭時，他自然會賜給我們這種品質。

第四章　時間的利用

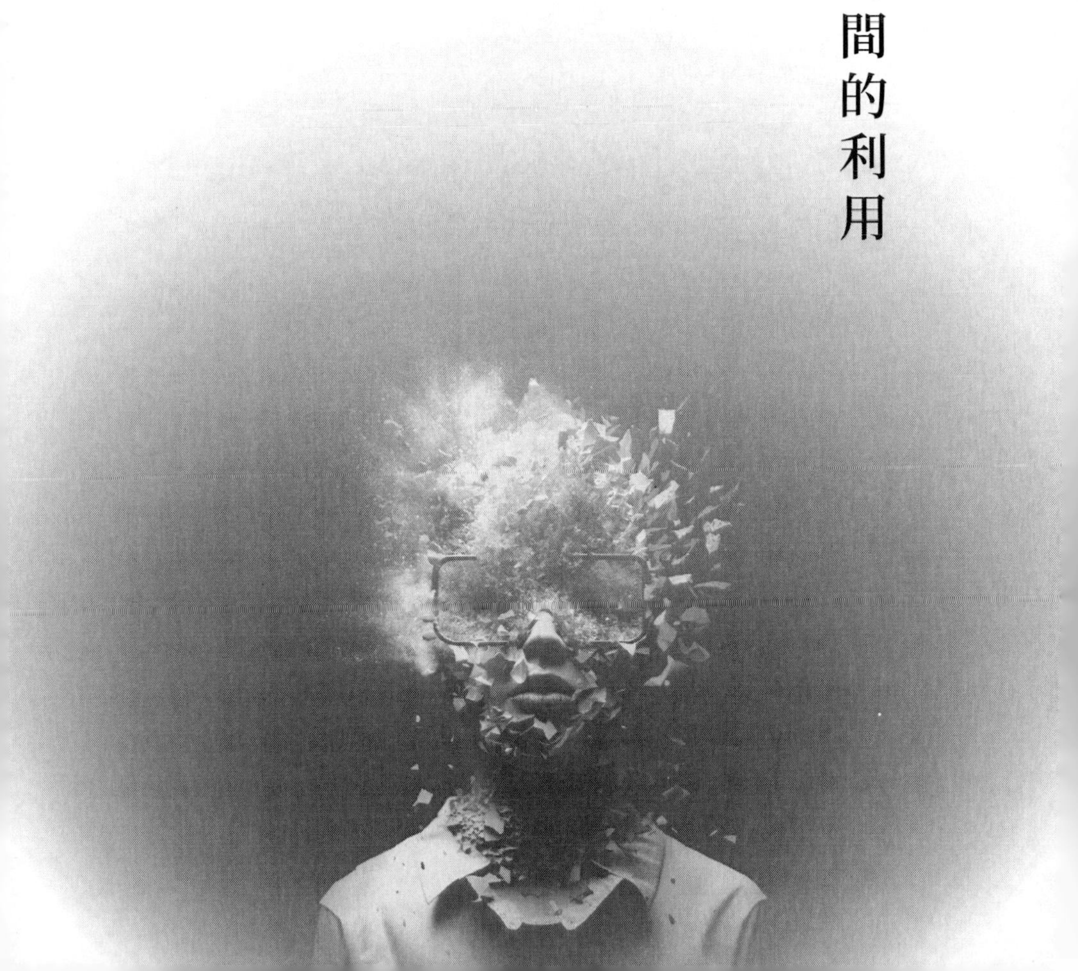

「親愛的朋友——我之前就應該回信給你了，但我一直沒有時間。你肯定無法想像，每天我都從早忙到晚。早上一睜開眼，我就覺得肩上的擔子很沉重，不知道該如何完成今天的任務；晚上入睡時，我也無法卸下因工作未完成所帶來的壓力。要是我生病了，我的家庭該怎麼辦呢？我真的不知道。別人好像都不願意或是沒有能力去承擔責任。我還有許許多多的事情想要告訴你，但現在必須先停筆了，因為我要去工作了。」

這封信的作者就算是去朋友家做客，也肯定是十分匆忙的，因為她覺得自己太忙了，不能待太久。就算她充當女主人的角色，並且極力表現出自己的禮貌，但客人還是能夠感覺到一種「你們還是快走吧，我現在沒時間」的氛圍。她的眉宇間始終流露著一種壓力，這種壓力可能是慢性的，她沒有辦法完全拋開這種壓力，去好好享受一下休閒時光。

這個國家的許多商人總是處在「匆忙」的狀態中，即便在他們坐好之後並沒有一直盯著手錶看時間，你也能產生這種感覺。很多商人都失去了真正享受假期的樂趣。我記得一位著名商人的軼事，這位商人的家人一致懇求他到外面旅行一段時間，因為他已經工作得過於疲乏了。但他卻總是說自己不能離開崗位，特別是在每年的這個時候，因為一位大客戶這段時間都會過來採購，他覺得公司裡其他人根本都沒有能力處理。最後，這個商人病得很嚴重，不得不遠離工作一段時間。康復後不久，他在大街上遇到了那位大客戶，便走上前去道歉，說是未能親自處理他的採購事宜。這位幾天就忙完了的客戶對採購感到很滿意，因此一臉驚訝地說：「哦！史密斯先生，難道當時你沒有在現場嗎？對於你的生病，我感到很遺憾。」

史密斯的自我重要感像被刺進尖刀一樣，但他能像哲學家那樣從中學到教訓，再也不會強調自己在公司或是其他地方的重要性了。

這種自我重要感帶來的壓力比我們想像中的強。事實上，很多時候正是自我重要感造成了我們神經的衰弱。很多毫無必要或是出於自私而承擔的責任所帶來的壓力就像章魚，一旦抓住了人，就會緊緊地吸附著，直到造成我們嚴重傷害才肯罷手。

對這些自認為非常重要的人來說，疾病經常以實質上毫無意義的責任壓迫著你的形式出現，與這種「幻覺」相伴的自負，也會讓你感覺相當壓抑。醫生知道這完

全是神經緊張導致的疾病，其根源就是病人自私的心態。有時，病人能從性格上消滅這類疾病的源頭，雖然病人本身並不相信自己的疾病是源自心理問題，但若他們能與醫生合作，那麼治療效果將會非常好。

很多時常感到時間不夠用，或是無論做什麼事都「匆忙」的人，其實都是背後自私之心的責任感在作祟。真正讓我們感到疲憊的，並不是有很多事要做，而是我們對這些事情的感知方式。比方說，當我們準備做某件事時，就覺得好像有一百件事壓在心頭，結果導致這件事做得不好，便無法繼續去做更多的事了。其實，我們只要一次做好一件事就可以了，要是我們專注於做好眼前的事情，那麼不僅能感覺到做好某事的愉悅感，還能在簡單的專注後享受更好的休息，同時讓心靈充滿彈性，讓我們能夠從一件事情順利地轉移到另一件事情上。真正深諳「你的眼睛若明亮，全身就光明」這句話精髓與內涵的人並不多。這句話代表的是一種健康的專注態度。因為，如果我們專注於神性法則，那麼在日常生活中專注於工作，就成了順其自然的事情了。

沒有比一顆充斥著自私責任感的大腦，在占用與浪費時間上更加讓我們感到惱怒無助的了。這些人缺乏均衡感，經常在某件事上耗費大量時間，卻在另一件事上十分吝嗇時間的花費，導致他們在處理生活中其他事情上總是失衡。

如果我的讀者覺得自己在利用時間方面感到了壓力，可以嘗試這一種比較有效的方法：在你上床睡覺時，不斷對自己說：「我明天什麼事都不用做，什麼事都與我無關。」你的大腦肯定會馬上對此進行「反抗」，此時，你可以對自己說：「我這樣說是多麼荒唐啊，我明天有那麼多事要做，沉重的工作壓力已經壓得我直不起腰了！」這時，你必須迅速地回答：「既然你有這麼多事要做，那麼你的大腦就更要保持冷靜——讓你的目光變得更加專注——以便在完成一件事後立即去做另一件，同時避免給自己太大的壓力。」給大腦減壓最好的方式，就是讓大腦什麼都不想，然後安然入睡。第二天早上，如果你醒來後不想繼續躺在床上浪費時間，那麼你可以花時間穿衣服，在這個過程中思考一天的工作，讓大腦能夠以有秩序的方式去面對當天的工作。穿衣服這個動作或多或少都算是一種機械的行為，我們可以一邊穿衣，一邊思考問題。晚上的時候，你可以回顧一下這一天還有哪些事情還沒做，在你入睡前，淨空大腦，覺得自己明天什麼事情都不需要做。在白天的工作裡，不管你需要在忙完一件事後多麼短的時間內去做另一件事，永遠不要談論這種「匆忙」，因為在很多情況下，我們匆忙地做事是必須的，但絕對沒有必要去談論匆忙。如果我們要求別人手腳俐落一點，好讓我們趕上火車；或者我們需要加快腳步去赴約，我們可以在內心中默默地提醒自己，而不需要強調自己有多麼匆忙。一般來說，談論「匆忙」帶給我們的壓力，比匆忙本身帶給我們的壓力來得大。

我們要讓大腦養成習慣，它能夠讓我們主動消除對於必須做的事情的牴觸情緒，然後迅速、果斷地把要做的事情完成。這個過程會讓我們的心態變得更加平穩，進而感覺到生活中各種事情所占的分量。即便我們無法完成必須做的事情，至少可以說出自己做了什麼、還剩下哪些事情未做。

以休閒的心態高效率地完成工作，這完全是有可能的。誠然，如果我們想迅速、圓滿地完成工作，那麼心中就要保持休閒的感覺。這一點其實是可以證明的。當我們以休閒的心態去工作時，能夠容忍別人打斷自己，以安靜平和的態度應對意料之外的事情，也可以隨時從積極主動的狀態進入歡笑玩耍的娛樂狀態。這種心靈模式的轉換能讓我們覺得自在，同時還能保持很高的效率。此時，我們的大腦就像是一臺剛剛加完潤滑油的機器。

不知有多少人非常害怕他們的朋友生病，這並不是因為這些朋友工作幹勁十足、無法阻擋，而是因為這些人除了工作之外，就沒有其他消遣了。當他們無法從事能夠令他們專注的工作時，那種痛苦的感覺是極為強烈的——這樣的反應通常會導致他們情緒低落或是陷入憂鬱狀態。

每個人都應該在假期的休閒時光裡過得健康快樂，不管是五分鐘、五天、五週或是五個月，都應該如此。要是我們失去了生活應有的節奏，也就失去了生活應有的寧靜與和諧感。

在利用時間方面存在著「沉重的懶惰」，這種「懶惰」與「匆忙」或是「催促」一樣，都會對我們的品格產生扭曲的作用。那些存在著「沉重的懶惰」的男女都知道自己應該去完成某些事情，並為自己擁有這種想法感到心滿意足，但實際上他們卻沒有立即去做。事實上，他們培養了這樣的習慣，就是當他們覺得某些事情應該去完成時，便自我感覺良好。但這實在是讓人遺憾啊！在這種志得意滿的心態裡，他們通常沒有把這些事情做好。這些人做事很少有俐落的，他們很少真正用心地思考事情，而只是想著自己。如果你斗膽提醒他們要履行職責，有時他們會極不耐煩地跟你說，他們心裡有數。但是，如果他們「心裡有數」就是最後的結果，那麼你可能就要承受因為沒有考慮到這個結果而帶來的指責。要是這些人在某個時候有一個看似堅不可摧的理由去推託某事，那麼他就會感到心滿意足。這種「沉重的懶惰」是持續拖延的結果；有趣的是，這個結果與我們因為過於沉重的責任而感到的壓力一樣。其實，這種「沉重的懶惰」就是壓力的另一種表達方式。源於懶惰的壓力，通常表現為因嫉妒而產生的惱怒與頑固。對陷入懶惰習慣的人以及他身邊的人來說，這都是一件痛苦的事情。

匆忙的人大腦容易受到損耗，懶惰的人大腦容易陷入停滯。多數匆忙的人由於自私而覺得疲憊，而懶惰的人則安於現有的舒適，讓大腦陷入停頓。不過，最後究竟哪一種方法會帶給人更加沉重的後果，仍然需要細心觀察。

在匆忙的人與懶惰的人之間，還有一種讓人不敢恭維的人，這種人就是遊手好閒的人。本應在半小時內完成的工作，卻花費了兩個小時，這種做法實際上削弱了大腦的功能，最後導致了沉重的後果。我們不知道這種人在完成諸如穿衣服這樣簡單的行為時，是否也會存在同樣的情況，但有一點似乎可以肯定，那就是當他們意識到拖拖拉拉對大腦所造成的後果後，就會憑藉意志，迅速有效地完成工作。改正拖延習慣的一個好方法，就是坐下來，思考自己必須做的事情，然後說出最為簡單的細節，說過兩遍之後就站起來，馬上去做。

利用時間與做其他事情一樣，都需要我們在心裡默默找到一個可以維持的平衡點。我們不應該渲染誇大、也不能低估所做事情的重要性。要是我們熱愛工作勝過了熱愛自己，並且願意學習真正的原則，然後應用到時間管理上，我們就會發覺肩上的重擔正在慢慢減輕。有限的時間將不再像之前那樣，成為讓我們感到痛苦的阻礙，反而會成為對我們有幫助的指引及調節器。

第五章　金錢的壓力

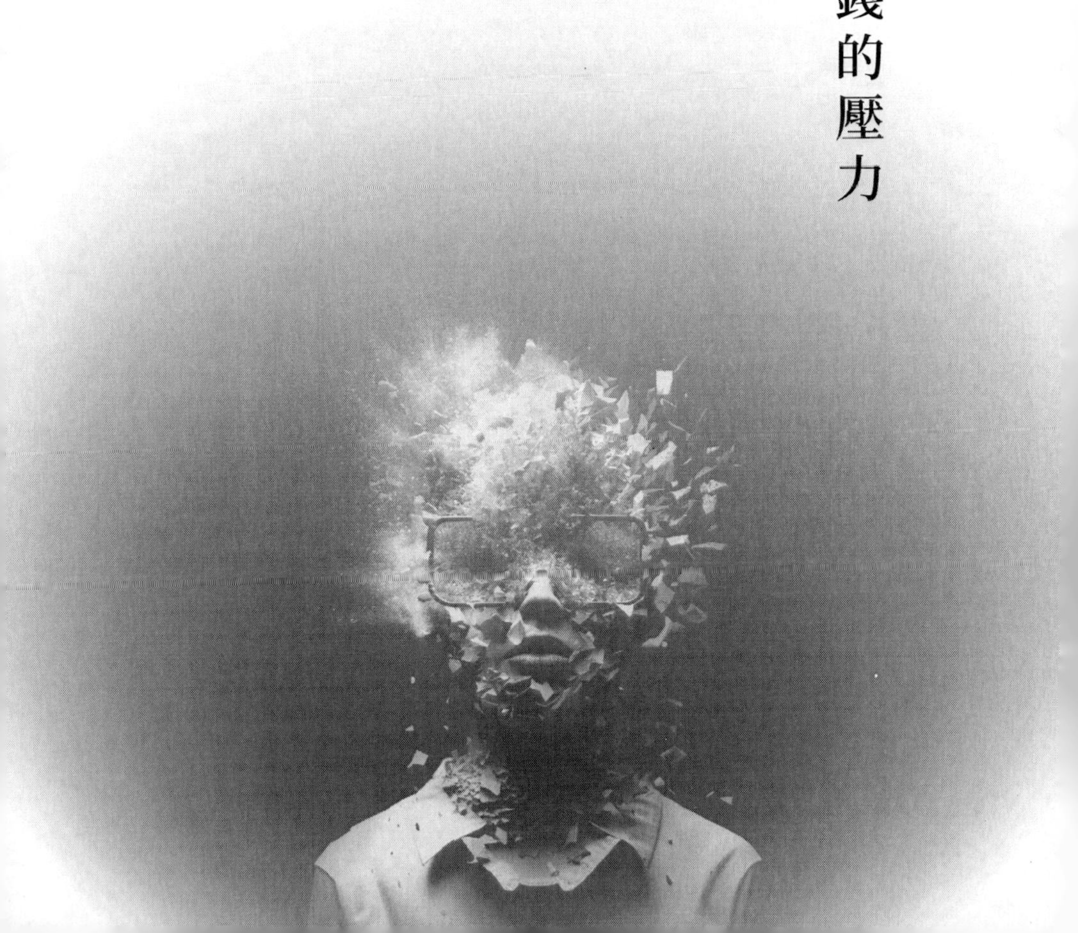

金錢對人的壓力主要源自三個方面：一是想要賺到比現在更多的錢；二是在擁有金錢的時候卻不願意花；三是支出大於收入。第一種金錢壓力的出現純粹是由於我們的自私，第三種則通常是由於我們不知道如何做到收支平衡。對於那些想依靠真誠的努力來實現收支平衡的人來說，他們可能要遭受更多的痛苦，很多對此不熟悉的人是無法理解的。

一位貧窮的女人曾說：「我該怎麼辦呢？該怎麼辦呢？我只有自己賺的這麼一點錢，根本沒有其他方面的收入。孩子必須接受教育、吃營養的食物，但我也必須保持健康的身體為他們賺錢，直到他們有能力為我賺錢。」

許多尚未償還的債務及孩子們不時的抱怨，使她幾乎到了精神崩潰的程度，因為她的孩子擁有的條件比不上其他孩子。

這位女人的朋友曾經這樣對她說：「愛麗絲，為什麼妳總是在晚餐時做甜點呢？這些甜點很貴的。而且從長遠來看，這些甜點也沒有給孩子提供什麼營養啊！」

愛麗絲馬上用驚訝的口氣回答：「什麼，晚餐後不吃甜點？那太可憐了！現在我們已經夠寒酸了，你難道還要讓孩子對餐桌失去興趣嗎？」

「但是，孩子們之所以無時無刻感到焦躁，就是因為妳總是處於這種壓力之下。要是這種壓力能夠得到緩解，即便沒有甜點吃，他們可能也會覺得更快樂一些。」

「但是甜點只占很小一部分的開銷——真的很小一部分。如果有用的話，我以後可以不吃甜點。」

愛麗絲的回答非常真誠與愉悅——在面對朋友的批評時，沒有任何反感的意思。她的朋友覺得自己可以暢所欲言，於是在兩人的談話結束時，她們發現至少有十五到二十樣東西，並不是這個家庭或孩子們所真正需要的。愛麗絲一開始強烈反對放棄這些東西，但最後當她與朋友一起重新審視這個清單之後，她就承認了自己的反對是毫無意義的。談話結束後，她覺得肩上的重擔輕了，她站起來說道：「我明白了，我明白了。在我有限的薪水裡，我必須控制開支，花點時間分辨出哪些東西是必需品，哪些東西是奢侈品，而且我也必須教會孩子分辨。」

當朋友再一次見到愛麗絲時，愛麗絲臉上洋溢著笑容，她說：「哈哈，現在孩子都喜歡上這種遊戲了，我們在一起的時候過得很開心。更讓人驚訝的是，原來我們可以放棄這麼多東西。現在孩子也學會了在物質匱乏的條件下尋找快樂，而不再像之前那樣因為得不到一些東西而感到焦慮。」

朋友說：「我在想，要是孩子們得不到足夠的營養，或者沒有衣服來保暖，他們會怎麼樣呢？」

「我想過這個問題。」愛麗絲說，「我知道這些對孩子的影響是最大的。但不能因為我們無法得到某些東西，而讓自己處於壓力之下，這樣的話，我們的思路就無法變得清晰，更加無法獲得想要的東西。自從我不再因為自己賺的錢不多而感到焦慮後，我賺的錢反而多了。現在，我的頭腦更加靈活，工作效率也更高，這真是讓人欣慰。」

愛麗絲經過仔細研究，發現了一些極具營養價值，而且價格也很便宜的食物。她為孩子的健康成長提供了幫助，並且獲得了良好的結果。

缺乏金錢的人面臨的壓力大致可以分為兩類：一是沒有足夠的錢買吃的或穿的，二是因為沒有足夠的錢而在朋友面前顯得寒酸。一個人是不可能藉由憂慮來讓自己賺更多的錢的，但一個人能用金錢換來什麼，卻是千差萬別。

為我們能擁有多少金錢而感到憂慮，這是毫無意義的；但如果我們思考如何藉由金錢獲得真正最大的價值，那便是最有意義的。

人類最基本的物質需求包括居住的場所、有營養的食物、保暖的衣物，及衛生用品。只有滿足了這些最基本的需求之後，才有可能追求更為舒適與安逸的生活。

了解我們所吃的食物具有哪些營養物質、知道如何飲食才能讓我們獲得更多營養，這不是金錢就能買到的。保持消化順暢能讓我們更好地消化食物及吸收營養。我們經常看到許多人——不論是乞丐還是百萬富翁——都不知道或是不屑於了解如何才能獲得最佳的健康與力量。一個將最後一分錢花在一塊毫無營養的餡餅上的乞丐，與那些喜歡吃山珍海味而導致消化不良的富人相比，最後的結果不是一樣都很糟糕嗎？窮人每週兩美元的飲食預算，與富人兩千美元的預算相比，其實都是一樣的，可能很營養，也可能缺乏營養。

穿著是否得體，絕不是一個單純的金錢問題。

一個女人修剪整齊的頭髮，與一個男人毫無皺褶的外套，對於提升他們的形象都是極有幫助的。一些人雖然很有錢，但還是沒有提升穿衣服品味的能力——除非他們能夠按照別人的眼光去做——要麼是因為他們天生一副邋遢樣，要麼是因為品味不佳導致。就像男人外套上顯眼的皺褶，或是女人搭配衣服時不適合的顏色，都會破壞整體的形象。穿著得體，絕不單純是有沒有錢的問題。選擇顏色搭配的衣服，從而增強眼睛或是頭髮的魅力，這是每個女性都應具備的品味。

要是我們冷靜思考一下，不再因為沒錢購買一些東西而憂慮，試著將真正的需求與膚淺的欲望分開——如果我們想培養滿足真正需求的最佳方式，那麼不管我們在怎樣的生活條件下，都能夠驚訝地發現自己原來可以擁有很多，也可以在能力範圍內獲得很多東西。

從長遠來看，金錢的壓力是一個固有的觀念，只要所賺的錢能夠滿足我們除了貪念以外的真正需求就足夠了，其他都不是它真正的價值。

「為什麼你要這麼辛苦地工作賺錢呢？」我曾經聽到某個人這樣問別人。

「因為我想富有，我想要盡可能地富有。」

「為什麼呢？」

「如果有了錢，就能擁有更大的權力。」

「可是你的大腦只想著賺錢，等你賺夠了，假設你真的賺夠了，那麼你大腦的其他功能也就萎縮了。那時你唯一的想法就是繼續賺更多錢。」

「嗯，即便是那樣，我也寧願冒這個險。」

這個人真的冒了這個風險。最後，他的大腦除了賺錢能力比較強大之外，其他的功能早已退化，對金錢的固有觀點完全控制了他。

債務、債務、債務，這是我們在花錢時感到最糟糕的壓力。一些人就是有這種陷入債務的習慣。我認識一個人，他似乎天生就有陷入債務的傾向。我也遇到不少類似他這樣的人，但我覺得他是非常特殊的一個人，因為他現在已經擺脫了債務，過著幸福的生活。他下定決心要擺脫債務，在他償還了所有的債務後，他覺得很不自然。於是，在接下來的幾個星期裡他又向別人借錢，此時，債務帶給他的軟弱感是那麼地強烈，讓他看到了全新的自己，從此都不敢再陷入債務了。即使手頭沒錢，他也不再向別人借錢了。

很多人從小就很難了解金錢的價值，這些人給他們的朋友造成了金錢上的壓力。對他們來說，金錢似乎無足輕重，時常揮霍金錢的過程讓他們感到愉悅、自在，即使是花別人的錢，他們也覺得心安理得。

我認識的一個男孩堅持要退學，目的是賺錢補貼母親，他的母親非常貧窮，每天都要為了提供三餐給孩子而努力掙扎。這個男孩不得不離開學校，這的確讓人感到遺憾，因為他喜歡學習，但他在某個地方找到了一份週薪三美元的工作，他就像一個勇敢的小男孩那樣去工作了。當得到自己的第一份薪水時，他立即買了糖果、鮮花及產自法國的小領結，然後高興地帶回家。當母親看到這些東西時，失望地哭了，但男孩對此無法理解。在母親慈愛的耐心解釋中，他才逐漸明白金錢真實的價值，也明白了如何做到真正的收支平衡。

很多人會在突然間獲得一大筆財富，特別是那些到美國西部挖金礦的人——這些人的世世代代都是勞工，這對我們真的很有教益。一夜暴富的人難以意識到金錢的真正價值，他們花錢如流水，直到金錢全部花光了，最後又變回窮人。

我們經常看到一些人在某方面極為吝嗇，但在其他方面卻花錢不眨眼。花錢如流水與過度摳門都不是實現收支平衡的好方法。在花錢時過度吝嗇、摳門，節省不該節省的錢，這是錯誤的，正如我們不應該毫無節制地花錢一樣。想要憑藉聰明才智在收支上取得平衡，不是一件容易的事，不過我們可以培養這種能力。

如果我們做到了收支平衡，不受賺錢、守錢及花錢這三種壓力的控制，同時還能在租房、食物、衣服等方面之外剩下不少錢，我們就能夠在其他方面明智地花錢，不論是為了別人還是自己，都是如此。

我們追求的是金錢上的平衡。金錢本身沒有任何意義，它只代表著一種價值而已。我們必須理解，我們所獲得的金錢代表著付出的辛勤勞動得到了回報，而我們花費的金錢其實是在有償地索取別人的服務，這些都是用金錢的形式來換取真正的服務價值。

因為金錢在這個世界上發揮著如此巨大的影響，所以如何使用金錢就反映了我們是否擁有真正的慷慨大度與平衡的品格。倘若我們現在比較窮，如果必要，我們可以過得苦一點，但也要做到收支平衡。我們應該明白千萬不要去嫉妒富人，也不要因為別人擁有自己無法買到的東西而惱怒。如果別人具備買到奢侈品的經濟實力，那麼就讓他們去買吧——假如他們能夠善用金錢的話。如果我們沒錢買奢侈品，那也要心安理得，好好地珍惜我們所擁有的東西。

很多人都說他們想要得到金錢的目的是為了幫助別人；絕大多數人這樣想都是在自欺欺人。一個真正具有奉獻精神的人在財富不多的情況下，依然能夠提供實實在在的服務給鄰居。我們要知道，只要有心，就可以向別人奉獻愛，不一定要等到我們有錢的時候。我們可以在三個方面實行節儉——節省精力、節省金錢與節省時間，並且在這三者中找到一個最佳的平衡點。當然，每個人在如何分配金錢方面的行為是有所區別的，應該按照實際情況分別對待。

一個人如果真的想獲得金錢、時間與力量的話，那麼他就肯定能得到，還能發現自己這樣做背後潛藏的自私動機。要是能夠在這三者中間找到真正的平衡點，就會發現自始至終都是自我的一種表現形式，到那時候，我們就能真正找到生活的平衡點。

第六章　一些怨恨

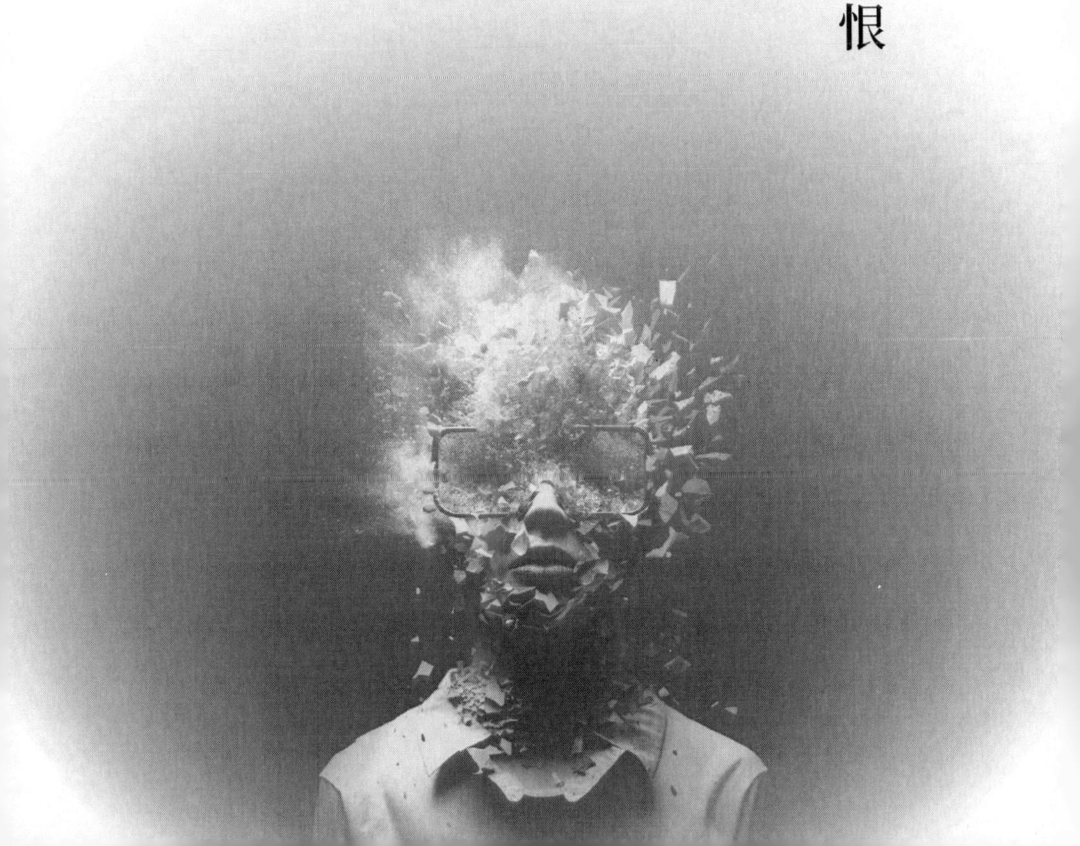

「你這個頑皮的孩子，為什麼要搧弟弟的耳光？」

「是他先搧我的。」

「難道他先搧你耳光，你就有理由搧他嗎？」母親用雙手搖了一下孩子，讓他坐在椅子的一角，告訴他只有等到她允許才能站起來。接著，母親滿懷怒氣走出房間，用手拉著她那第二個不聽話的孩子。

沒過多久，母親想要去托兒所辦些事情，受罰的孩子就想跟母親撒嬌。

「媽媽，現在我可以站起來了嗎？」

「不行！」母親以稍微柔和的語氣回答，「你必須坐在那裡，直到你意識到自己的行為是錯誤的，明白自己那樣做對弟弟有多麼不公平。」

過了一會兒，孩子問道：「媽媽？」

「親愛的，怎麼了？」

「妳之前不是說過嗎？弟弟搧了我耳光，但這卻不是我搧他耳光的理由。」

「是的。」

「為什麼呢？」

「因為當別人對我們做了不友善的事情時，我們也應該特別友善地對待別人。」母親回答。

「媽媽？」

「怎麼了？」

「當我頑皮的時候，我是不是對妳很不友善呢？」

「是的，你對我很不好。」

「嗯，既然這樣，為什麼妳就不能特別友善地對待我呢？為什麼妳要搖我一下，並且讓我坐這麼久呢？還有，媽媽，妳似乎對我很生氣。」

母親的內心有一股憤怒的情緒在慢慢滋生，但她是一位睿智的母親，沒有展現出這股憤怒，而是一言不發地迅速離開了房間。她愛自己的孩子，這個孩子雖小，但人小鬼大，之前已經給了她很多的教訓，但從沒有像今天這次如此深刻。

她徑直回到自己的房間，關上門，坐在椅子上思考。她清楚知道自己懲罰孩子是因為對孩子頑皮的行為感到憤怒。事實上，她做出的反應與孩子搧弟弟耳光時的表現是完全一樣的，只不過她的年紀更大一些，更能將這種所謂的正義付諸實踐而已。若是這位母親的覺悟不夠高，那麼她可能會覺得自己那樣做是極為正義的，然後就將這件事忘記了。但是，她是一位洞察事理的母親，清楚地看到了自己的行為與兒子的行為其實是毫無差別的，只不過她擁有懲罰的權利罷了。與此同時，她的內心對孩子充滿了無限的愛意，雖然孩子在某些方面比她看得更清楚，但她對於這個事實的了解和預設則顯示出自己的成熟。思考過後，她立即走出房間，與兒子解釋清楚並和好。從那以後，她成為孩子更好的母親，而孩子也成為母親更好的兒子。

這位母親為自己憤怒的情緒後悔，並為自己能夠發現這種情況而感到高興。當孩子的父親回家時，她正講著睡前故事給孩子聽。當孩子過來向他們道晚安並準備上床睡覺的時候，父親看了一下手錶，以稍微暴躁的語氣說：「瑪麗，我希望晚餐能夠準時上桌，可是時間比我們預想的晚了半個小時。今晚我還有個應酬。」

瑪麗心中的怒火立即燃起，不假思索地說道：「你太誇張了，我好不容易才等到一位好的廚師，你總是——」瑪麗突然停住了，因為她意識到自己這種情緒與早上懲罰兒子時的情緒是一樣的。

丈夫察覺到瑪麗突然的停頓，於是瑪麗就向丈夫說了早上發生的事情，然後坦誠為什麼自己剛才突然停頓了。

當天晚上，一些朋友過來拜訪，他們談論到一本瑪麗特別喜歡的書。其中一位朋友在聽到這本書的時候，大聲笑了起來，並以嘲諷的語氣談論這本書。瑪麗當時就想立即開口進行尖銳的反擊，但她還是在開口之前控制住了自己，因為這也是同一種憤怒的心情。在朋友們離開後，瑪麗坐在沙發上，精神處於無比震驚的狀態。

「怎麼會這樣呢？我怨恨所有的事情！我恨剛才那個女人所穿的衣服，那衣服真是太沒品味了，穿在她身上根本不合適！我怨恨那些人，因為他們去看過歌劇，而我們卻沒有錢去看！我真是一個笨蛋，這一輩子都帶著這樣骯髒自私的情感，可是我竟然都沒發現！」

正當瑪麗一直在心裡反思自己為什麼羨慕與怨恨別人的時候，她的丈夫走了過來，坐在她身旁。

「瑪麗，」丈夫說，「我一直想不明白一件事——客戶不按照我為他制定的計畫去做，結果造成了損失，雖然受損失的不是我，但我還是感到生氣，有時候甚至無法控制。就在我即將爆發的時候，我突然這樣想——『為什麼要這樣呢？那個傢伙對我也沒有造成什麼損失，而我卻憤怒得想要殺了他！』」他的妻子笑了，他們倆都笑了。

第二天，丈夫詹姆斯回家後，用憂喜參半的語氣對妻子說：「我今天怨恨了一整天，因為別人搶了我一直想要的案子；我怨恨我的手下不小心割到了手指；我怨恨我的打字員犯了一個很低級的錯誤；我怨恨在吃午飯的時候，服務員讓我等了很久！這難道不奇怪嗎？妳覺得我們的生活是不是都潛伏著不易察覺的怨恨之心呢？我們現在是不是敏銳地發現了這一點呢？」

「我經常注意到這一點，」瑪麗說，「當我在某方面受到啟發，就會想要在這方面了解更多。」這時，她並沒有說出自己那麼做的目的，因為她想要真正地發現自己，這也是她現在正在做的。

而另一位母親，面對著自己略帶哲學家頭腦的兒子的發問，反而將與自己頂嘴的孩子斥責為「頑皮的小男孩」，而不會思考孩子的提問。

正是因為瑪麗對於真心發現自己這件事感興趣，才會激勵丈夫也去找尋真正的自我，現在他們倆一起走在發現自我的道路上，並且沒有陷入病態的自我審查習慣中。他們這樣做是非常有益的。那些對發現真正自我而感到高興的人，都不會陷入病態的自我審查中。在解決內心怨恨的這件事情上，沒有比全面了解才能讓我們獲得充分的自由更好的辦法了。

怨恨就像是燃燒過後的煙霧，雖然升得不高，但想要完全散去卻不太容易。這種「煙霧」始終在那裡，只要別人有一點點言語上的提醒，就會像遇到了一陣清風一樣吹過腦海，讓大腦無法認清事實。

一些人對著我們無理取鬧，「呼！吼唷！」一想到這裡，我們的怨恨之心又上來了。在那一瞬間，大腦發熱，變得認不清事實真相，神經處於亢奮狀態。我們越覺得自己應該受到他人的批評，這種怨恨之心就產生得越快，強度也越大。

一些人做了一些事或說了一些話，然後我們就覺得自尊被傷害了，覺得別人那樣的說法實在太粗暴、太魯莽、太缺乏教養了——甚至還會覺得那是殘忍的。接

著，我們的怨恨之心便上來了。在我們尚未意識到的時候，大腦就被燃燒後的煙霧遮蔽，不知道該如何進行回答，不知道該怎樣不卑不亢地進行反擊。

不卑不亢與怨恨是不可能同時存在於一個人身上的。

良好的判斷力與怨恨也是不可能同時存在於一個人身上的。

在慷慨大度的善心與怨恨之間，存在著一條難以踰越的鴻溝。不論我們覺得自己是多麼誠心地為別人服務——如果這種誠心染上了怨恨的習慣，那我們就必須養成擺脫怨恨的習慣，否則我們為別人服務的行為就缺乏真誠。

即便我們學會了如何將怨恨之心扼殺在萌芽時期，我們也要隨時保持警惕。怨恨會蒙蔽大腦，讓神經系統感到疲乏。

在運用非對抗性法則時，有這樣一條法則——絕對不允許自己對對手所說的話感到惱怒。

所有哲學家都知道怨恨是極為愚蠢的，而且絕對是愚蠢中的愚蠢。但是，很多哲學家卻不知道壓抑、怨恨之心會對我們造成多麼大的傷害。

我可以努力避免因為怨恨而說一些話或做一些事，這樣的言行或是想法會影響自己所能得到的利益——這會讓我在與別人競爭時處於劣勢。同時，我也可以拒絕在心中滿懷怨恨的時候說話、做事，因為怨恨本身就是我所憎恨的邪惡，我喜歡真正對人有幫助的安靜力量，並希望用這種安靜的力量來克服怨恨。

在第一個階段，我只能依靠自己的意志力來壓制這種怨恨之心，但它一定還會在某個時候突然爆發，也會以其他方式帶給我傷害。在第二個階段，我能夠逐漸清除這種怨恨之心，並努力透過清除殘餘的怨恨來實現真正的自由。

怨恨，只是軟弱時內心亢奮的一種表現形式，永遠都不可能帶給我們什麼好處。相反地，它還會帶給我們巨大的傷害。怨恨讓我們的大腦處於慢性的惱怒狀態之中，導致我們消化不良、身體孱弱——是的，怨恨還是消化不良的一大主因，它會影響我們的工作效率、扭曲我們的性格、汙染我們的靈魂。

在我們擺脫怨恨之心的道路上，主要障礙就是絕大多數人根本不想真正地發現自我。要是我們真的想發現自我，就會努力地挖掘自己，那麼我們很快就會驚訝地發現，原來怨恨之心一直躲在我們從未想過的角落裡。之後，我們會開始培養讓自己不受怨恨控制的習慣，不久後，就會發現大腦、神經與身體都變得輕鬆，心中充滿了喜樂——為自己能夠生活在這個美好的世界，並找到屬於自己的位置而心存感激、心存善念。

第七章、藉口與託辭

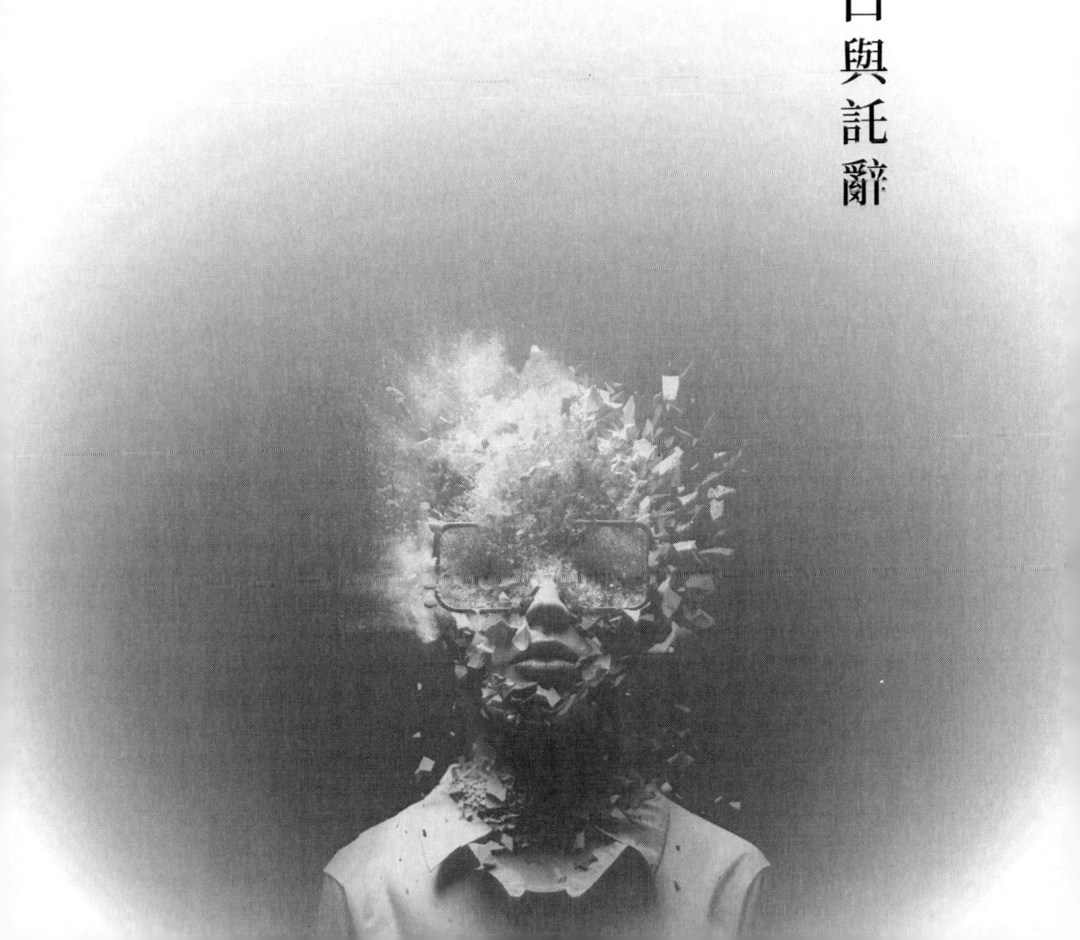

正當我們準備出發去看演出的時候，一個人問道：「我們的票呢？」這時，簡以她特有的聲音驚嘆道：「糟糕！我忘記訂票了！」我們立即打電話詢問票務人員，但戲劇馬上就要開始了，因為時間太晚已經沒票了。每個原本想著下午可以看場好戲的人都感到非常失望。

「簡，妳怎麼會忘記呢？」母親問，「我一週前就跟妳說要記得訂票。」

「媽媽，我知道。但我這一週都很忙，簡直忙得暈頭轉向。」

「星期一下午妳並不忙啊，我看到妳正在看一本小說。」

「是的，但後來妳就出去了。在妳出去之後沒多久，我就想要打電話訂票，但我不知道你們想要坐在什麼位置。」

「星期二，」母親說，「我一整天都在家啊，妳也在家。妳隨時都可以問我想要坐在哪裡啊。」

「是的。那天我打過一次電話，想要訂票，但是對方一直在忙線中。」

就這樣母女倆繼續妳來我往的對話，簡隨意地回答母親的問題，每次都說上一大堆藉口，卻堅決不承認自己沒有做好別人交代的事情、沒有做好自己答應過別人的事情。

有些人，準確來說是很多人，都會採用這種迂迴的辯解方式。他們不會勇於承認自己的錯誤，而是千方百計地為自己開脫，這真讓人覺得愚蠢可笑。如果我犯錯了，就讓我大膽地站出來承認自己的錯誤，這樣的話，我就有勇氣改錯，而不是被內心一些不情願的想法所蒙蔽。如果我犯錯了卻不願意認錯，那麼這種不正常的情況通常是有兩種原因：一是錯誤本身造成的，二是我們必須對自己或其他人撒一系列的謊來造成一種假象。如果我犯錯了，並且勇敢坦率地去承認，然後就有改錯的勇氣與力量。一般來說，這樣能讓我們在短時間內認清並改正自己的錯誤。我們會發現自己正朝著更美好健康的道路前進，如果無法意識到這一點，我們就會無止境地背負著這個沉重的負擔。

如果我們的臉髒了，就會馬上照鏡子，看看髒東西在臉上哪個位置，然後立刻清洗乾淨。如果我們有一個壞習慣，這在鏡子中是無法看到的，可是我們的一些朋友卻能充當一面「鏡子」，他們透過模仿我們的一些行為，就會讓我們了解到自己的壞習慣；這樣的話，我們就能夠認清自己。與此同時，我們可以找到適當的方法，然後努力加以改正，直到獲得最後的自由。想要擺脫這些壞習慣，我們一定要意識到這種思想上的慣性，要時時刻刻防範這種慣性對我們所產生的不良作用。想要完全認清自身錯誤的狀態，並不是一件容易的事。很多人都選擇繼續保持原先那種極端自私的性格，因為他們已經養成這種習慣了，這讓他們覺得舒服自在，但身邊的人可能會因此覺得痛苦。

我曾認識一個女人，她說話時發音含糊，幾乎每個人都要費很大的力氣才能聽懂她想說什麼。後來，她努力地學習糾正自己的發音。不過，在她看來，正常的發音是那麼地不自然、不舒服，於是她又恢復了以前那種說話含糊的習慣——而不是堅持把語速放慢、說清楚點，以免朋友無法理解自己的話。對此，她給出的藉口是，故意放慢語速會讓自己在別人面前顯得很突兀，而她自己也感覺很彆扭，無法忍受別人將目光聚集在自己身上的那種感覺。很多人都有長期養成的不良習慣，只要他們稍一努力去改變自己，內心就會浮現起一個又一個反對的藉口，以此來證明自己沒必要去改變或無法改變這個事實。

一些人無法接受這樣一個事實，那就是自己身上存在很多缺點，接受這個事實讓他們覺得很傷心。在這方面，女人表現得特別強烈。很多女人不願意面對自己的自私行為，因為這讓她們感到傷心。當然，她們也不會毫無遮攔地表達出來，她們會說：「如果你這樣看我的話，我真的無法忍受，因為這實在是太可惡了。」她們會指責你太過殘忍無情，有時你甚至會覺得她們說的很有道理，因為她們把自己弄得就像一隻「被鞭打過的小狗」一樣。只有在你冷靜地觀察這些人一段時間之後，才能發現事情的真相——那些指責你過於無情的女人，其實是在為自己的自私做辯護；她以自己無法承受你的批評為藉口，因為她不願意聽到這樣的批評。至於你提出的批評是否正確，並不是她所關注的。

我認識一個男子，他時常抱怨母親對自己的專橫愛意，因為那讓他感到束縛，無法獲得自由。他每做一個決定，都要受到母親的影響，根本感覺不到生活的自由。我問他為什麼不試著掙扎一下，以平靜友善的方式指出母親的錯誤，他說：「我試過了，但這讓她感到極為傷心，有一段時間，她甚至覺得自己快要死了，並且把她這種感受告訴了我。」當然，這個男子的個性也比較軟弱，不敢掙脫母親的束縛。當你的某位親人對你說，如果你指出他的過錯，那麼還不如殺了他。如果你覺得說出別人的缺點會造成比殺了他們更大的痛苦時，那麼你再堅持把真相說出來的行為就顯得太殘忍了。

和那些在心裡設置了層層屏障的人進行爭論是毫無意義的，因為他們會躲在屏障的後面來抵擋痛苦，嘗試與其爭論只會刺激他們尋找種種「藉口」，對那些思路清晰的人來說，一旦陷入「藉口」背後的漩渦，就很難驅散腦海裡的迷霧。唯一的辦法就是按照你所知道的正確方法去默默生活，然後盡量少為自己找藉口。

當你必須面對別人找藉口的情況時，就用問題來回應別人的藉口，而不是指責他，或斷定他是在找藉口。如果你想幫助別人認清自己的錯誤，那就永遠不要指責別人。

「你說我不能向你表明我的想法，因為我覺得你在這件事上犯了錯，你無法接受這個觀點。我說的對嗎？」

「是的，我就是這個意思。」

「那我們就不能再討論這個問題了，對吧？」

「是的，我們不能討論，因為我不想聽。」

「好，如果你不想聽，那我們就不說。」

你與朋友談論的這件事，到此就結束了。你必須就此打住，為朋友留下足夠的空間，或者你可以將話題變得更為輕鬆有趣。

這一系列對話所展現出來的成效，通常都要很晚才會出現。你平靜的問話口氣會讓人覺得這些都是非常荒謬的藉口，在這之後，那個找藉口的人可能就會有所領悟，你就有機會與他進行平靜的溝通，這樣的效果靠指責是無法獲得的。要是你一味地指責他們，他們一定會心存怨恨，那麼時間將會變成讓他們心中滋生怨恨的溫床，卻無法讓他們慢慢看清掩蓋在藉口背後，那種空虛的感覺。

如果你想揭露別人虛假的藉口，那麼必須以安靜、友善的耐心來對待別人。如果你不能友善地向他提出問題，那你最好還是不要去問。

耐心地關注別人所持有的藉口，這能夠幫助我們更好地看清楚找藉口的動機。「他讓我很生氣，我不想和他說話！」這是很多人為自己的粗魯或不公平的做法所找的藉口。意識到這一點，能夠讓我們第一次如此清楚地看到，這些人有多麼愚蠢。

我們之前可能從來沒有想過，就是我們不能任由自己變得憤怒或是感到不滿，我們應該讓自己的心態變得平靜，而不是讓憤怒或惱怒的情緒占據我們的內心。無論一個人表現得多麼不公平或是讓人反感，在我看來，要是我因為他生氣或惱怒，那麼這完全是自己的過錯。雖然我們可以經常容忍別人因為不明事理而找藉口，但我們最好永遠都別為自己找藉口。

每個人都可以把自身獨特的個性當作藉口。「我真的忍不住要發脾氣了！」或者是「那樣的話，就沒人能夠幫助我了。如果你想要幫我的話，你需要換一種方法。」

「我覺得自己還可以做得更好，但我沒有足夠堅強的品格，我只是現在還沒有而已。」

你找到屬於自己的藉口了嗎？

「我不知道怎麼會變成這樣，不知道為什麼，我總是無法準時，我始終做不到井井有條，我就是這個樣子！」

「你有聽誰說過自己變成這個樣子後，就永遠都會是這個樣子呢？」

接下來，藉口就是：「這就是我的個性。」

難道你不知道一個人對於自身性格的誤解，其實並不是性格本身嗎？每一種性格都有自身的優點及缺點。事實上，每個人天生都遺傳了某一種性格，而這種性格中都會有一點扭曲，但是人生的工作就是要努力剔除這些扭曲的部分，展現出自身善良友好的一面，這樣的性格能夠幫助我們取得良好成果。所有將自私或邪惡行為歸結於自身「藝術氣質」的人如果都能意識到，他們其實是在為自己扭曲的性格找藉口，而不是為性格本身找藉口，這樣的話，他們就能避免許多毫無必要的痛苦與悲傷。當某個人用一個根本不可靠的藉口來掩飾自身的錯誤行為，那麼他的腦海中就會冒出很多理直氣壯的理由來支持他的觀點，並認為自己這樣的藉口是有憑有據的。爭論之所以顯得愚蠢，是因為這樣做通常會激怒與他談話的人，接下來必將是一系列的「回嘴」——這是被激怒後一種非理性邏輯的表現——最後的收場，將是帶有孩子氣的無理取鬧。一個人揭穿一個藉口，另一個人再找其他的藉口，就這樣來來回回，這種對話場景我們已經見得太多了。在大腦衝動的情況下，這種事我們不知道做過多少次。

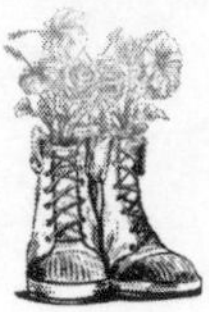

這讓我想起了一個故事，內容是關於兩個黑人打架的。其中一個能言善辯的黑人對另一個黑人說了很多惡毒的話，最後他不得不停下來喘口氣。而被罵得狗血淋頭的那個黑人已經氣得說不出話來，只能結結巴巴地說道：「你對我說的那些話，都是在說你自己！」

在毫無意義的「唇槍舌劍」中，我們與這兩個黑人其實是沒有區別的。不論我們如何用不帶髒話的字眼去罵人，其實在心裡早已經將對方罵了千百遍。唯一安全的做法，就是當我們感覺到爭論過程中出現了惱怒的情緒，就要馬上停下來！不管你的對手看起來有多麼強詞奪理，即便真的如此，也都要停下來。如果我們覺得自己有點火大，也要停下來。要讓自己能夠在對話過程中不動聲色地放下惱怒的情緒，只有經過多次訓練才能做到，否則就不夠保險。如果對手感到惱怒，那麼他的惱怒情緒就會刺激到我們。如果可以的話，雙方就在互相尊重的前提下，說明彼此的惱怒情緒，然後雙方約定，一旦出現這樣的情況就暫停交談，等彼此都冷靜下來後再慢慢交談。接下來，我們要努力做一些有意義的事：消除心中的惱怒情緒，用意志力及安靜的祈禱趕走這種情緒，一旦出現了這種情緒，就要努力地消滅它，使它無法在心裡找到能夠落腳的地方。

「回嘴」不僅廉價，而且毫無意義，甚至還會為我們帶來毀滅性的危險。「回嘴」的傾向必須在萌芽時就將其扼殺，直到我們完全克服了這個習慣。在我們完全從「回嘴」的奴役中獲得自由以前，必須放棄自己各種隨性的想法，直到內心獲得平靜與自由。這樣做的第一個結果，就是內心再也不願意為自己找任何藉口了，它使我們培養了在別人說話時保持安靜與尊重態度的習慣。

藉口催生「回嘴」，藉口與「回嘴」聯手斬斷了人們進行真正交流的紐帶。讓我們努力擺脫兩者的桎梏，與別人開放地對話、交流，並從中獲得力量與歡樂。

第七章　藉口與託辭

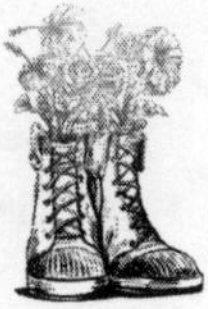

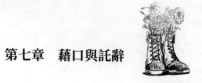

第八章　如何克服敏感的個性？

不論對我們還是對他人而言，真正想解決個人的敏感個性，就應該先意識到，人類的敏感個性其實是極為重要的天賦。不論什麼人，都應該將它看作需要真心珍視的天賦，並且在內心對此存著感激之情。

「如果簡能夠不那麼敏感，她一定能過得更加開心——比現在開心很多，同時也能讓別人覺得更加開心。她的情感那麼容易就會受到傷害，這真是讓人遺憾。」

這話說的很對。如果簡沒有那麼敏感，她的生活就會過得更舒服、更自在，也不會給別人帶來困擾。一個女人越是愚蠢、冷漠，過得就越是舒服自在，也不會給鄰居帶來毫無必要的煩惱。要是我們真心審視這種觀點，就會發現它所說的其實是一頭吃飽了就睡，過得優哉游哉的豬。豬並不會因為環境條件有限而痛苦，而是悠閒地待在豬圈裡，吃飽、睡飽，最後變成人類餐桌上的食物。如果想從某一種觀點發現真正的價值，就可以使用這種極端的邏輯推理方法，或是由這種方法得出的結論，然後看我們是否真的需要這個結論，並做出最後的判斷。事實上，不只是這個方面，在很多方面，這種邏輯推理方法都是非常奏效的。當然，我們現在需要單獨就個人敏感性格的話題展開討論。

一種樂器，它的做工越精細，對於演奏的反應就越迅速，那麼這種樂器就越具有價值。音樂家不會認為班卓琴的價值高於小提琴；同理，我們可以說一個人的個性越是敏感、細膩，那麼他對於環境的反應就越大，這也更能激發出他的創造力。當然，我們認為這對人性也是適用的。一個人的個性越是敏感，那麼他對身邊人的反應就越是迅速，就更能發揮出自身的才華。一個人的耳朵對音樂特別敏感，那麼他就可能成為傑出的音樂家；一個人的眼睛對色彩與形狀特別敏感，那麼他就可能成為傑出的藝術家。我們知道，一般來說這樣的例子是成立的，但為什麼我們的思想與性情就不能完全適用呢？事實上，一個人越是敏感，他的潛能就越大，他能夠察覺出哪裡存在著不和諧，然後用自己的意志去克服，更加主動地發揮自身的潛能，營造出和諧的局面。

那麼，一個人的敏感個性到底是怎麼回事呢？為什麼個性敏感的人看上去都很軟弱、缺乏效率呢？個人的敏感個性其實是對美好事物的一種扭曲，事實上，敏感的個性不止會扭曲人們對於美好事物的認知，還會讓人受到這種個性的控制，他的天賦將失去發揮的空間，還會反過來不斷地瓦解他，讓他變得軟弱。要是那些遭受過敏感個性的痛苦的人了解這種毀滅性的危險，他們就不會義無反顧地想著如何擺脫這種危險。當然，如果這種敏感個性是適度的，不會給自己帶來危險，那麼就應該充分地利用這種天賦。

如果這篇文章能夠給那些遭受過敏感個性之痛苦的讀者開出一個「藥方」，並獲得他們的認可，我將感到非常榮幸。如果他們能夠按照我開出的「藥方」來「治病」，那麼過一段時間他們一定能夠有所收穫。

首先，我要重申一點，你們應該為自己擁有敏感的個性而心存感激，你絕對是需要這種個性的。第二，要將注意力放在如何擺脫個人敏感個性的過程中，而不是將集中在自己的情感受到傷害的這個事實上。無論發生什麼樣的傷害，都不要沉浸其中。瑪麗亞說：「哦！我真希望自己能夠擺脫這種病態的敏感個性，它實在是太恐怖了。我敢肯定，沒有人會知道我有多麼痛苦。」當別人責備她，不管是有意或無心，都會使她陷入自我憐憫的泥沼。如果你對她說，現在應該重新站起來了，她會感到憤怒，對你說：「要是別人這樣對待你，你也不會好受的。」

每當詹姆斯走進一個房間，就會留意房間裡其他人是否對自己給予了適當的尊重。蘇珊的鄰居請客人們自便，因此忘了把奶油遞給她，蘇珊於是就坐在桌子後面，緊緊靠著一個角落，蜷縮成一團。諸如詹姆斯、蘇珊、瑪麗亞或是簡這樣的人，即使別人沒有數落他們，他們也會感到莫名的失望。他們總是忙著尋找別人的責備，以至於在腦海中經常會幻想這樣的場景出現。別人說毫無冒犯的話語，也都會被他們牢牢地記在心裡，從而使他們的自尊心受到嚴重的傷害。

簡、蘇珊、瑪麗亞與詹姆斯同時都遭受著敏感個性所帶來的痛苦，他們也意識到這絕對是毫無必要的束縛。但是，他們還是寧願沉浸於情感傷害之中，而不是想著如何獲得解脫。

讀者們——如果你也正遭受著這種痛苦，那麼請面對自己，審視一下，當你敏感的個性被喚起以後，比起思考如何擺脫這種感覺，難道你不是更加關注自己的情感是否受到了傷害嗎？看看你身邊的人，看看他們遇到這種情況時是如何處理的，看看到底是什麼刺激了他們敏感的個性，然後從中找到真正的自由。

不論我們之前是不是已經習慣了某種不正常的心態，只要我們能夠依靠自己的意志找到解決問題的藥方，就不會讓人生之帆完全失去可以憑藉風的力量。但是問

題在於，我們的心態很消極，而個人敏感的情感卻非常「積極」。很多時候我們都是用消極的態度去克服它，但我們真正的意圖卻不在這裡。如果真的能夠依靠自己的意志來克制敏感情緒，並能堅持不懈的話，我們將驚訝地看到自己的情緒可以迅速變得積極，並且趕走所有對我們生活造成毀滅性打擊的情感。

詹姆斯走開了，在特別需要他記住瑪麗亞的時候，他卻將她忘記了。「詹姆斯，我為他那麼努力，為他承受了那麼多痛苦，但他竟然無視我，將我遺忘了。」

「瑪麗亞，先別管那個。在這個例子裡，妳從未忘記詹姆斯，並一直在為詹姆斯努力，這一點與詹姆斯偶爾將妳忘記比起來，哪一個讓妳覺得更可悲？」

「這還用說？當然是為詹姆斯而努力了！」

「那妳為什麼還要覺得自己可憐呢？為什麼不對詹姆斯的行為感到遺憾呢？」

「因為詹姆斯把我忘了，這讓我很受傷。」

「如果妳不想讓自己的感情受傷害、不想因為詹姆斯忘了自己而痛苦，不如就將全部心思迅速投入到工作上，以此來幫助詹姆斯變得更細心，這不是更有效地利用自身能量的方式嗎？又或者妳還可以採用更好的方式，假設妳覺得詹姆斯可能有一些好的理由，例如他還沒有養成細心待人的習慣、他也有屬於自己的煩惱等等，為詹姆斯找一個合理的解釋，能夠讓妳更好地了解他，也能夠讓他知道妳是他更好的朋友。妳要做的不是由於他忽視了妳而生氣地悶坐在那裡。」

「嗯，嗯，嗯，」瑪麗亞說，「這些我都知道，但我在情感受到傷害時，始終無法停止去想這些，我只是沉淪其中，無法自拔。要是我選擇了其他方式，不僅能讓我忘掉自己的痛苦，還能夠幫到詹姆斯，那當然是再好不過了。但這對我來說如鯁在喉，就像讓我在牙痛時吃飯一樣，實在是太難受了。」

「瑪麗亞，妳覺得要是真的能夠拋棄自己這種敏感情緒的話，妳能不能變得更高興一些呢？妳是否真的相信自己確實是真心誠意地想要努力拋棄這種情緒？」

「是的，就是這樣。為了擺脫這種敏感情緒，我願意做任何事情。」

「嗯，既然這樣的話，那麼就集中精神，好好地聽，我將教會妳怎麼去做——當妳牙痛的時候，吃飯時記得用另一邊牙齒去吃。」

當你的情感受到了傷害，不要從痛苦的一面出發去行動、說話或是思考——要等你覺得自己已經擺脫了這種受傷的情感之後，才去做心靈認為正確的事情。首先，你需要與自己的心靈對話。你必須意識到所謂受傷的情感，在絕大多數情況下，都只不過是受傷的自私罷了。告訴自己，你之所以感到受傷，是因為你沒有獲得別人的關注，受傷的只不過是你那種想要獲得別人讚美的情緒罷了。

當然，受傷的情感會用各式各樣的藉口來搪塞，從絕對自私的角度來看，這都是極為合理的，但你肯定不願意聽到這些藉口。你要全心全意地關注導致你情感受傷最主要的原因和根源，勇敢地面對自私的根源，然後拒絕與它有任何關係。每天出門的時候，都抱著一種盼望周圍的人來傷害你的態度，這樣你就可以慢慢地鍛鍊自己去無視這種痛苦了；每當你覺得自己情感受傷時，就將這些經歷變成鍛鍊，讓自己慢慢從中解脫出來。這樣做並不會讓你變得麻木，相反地，你會越來越充滿活力，智力上也會變得更加敏感，你將獲得自由，可以更加幸福地利用自身的敏感個性。這種鍛鍊方法絕不是要分散我們的注意力，也不是要讓我們專注於其他事情，更不是要讓我們從不正常的敏感情緒中抽離出來，以至於在下次的情緒襲擊中變得不堪一擊。只有找到自私背後的原因，正視它、拒絕它，我們才能獲得真正對我們有益的情緒。當我們在獲得自由的過程中，即便我們已經忽視了受傷的情感，但這種受傷的情感還是會持續很長一段時間。有時，它會出其不意地浮上心頭，帶給我們一陣劇痛，造成似乎永遠都無法擺脫的假象。誠然，我們永遠都無法擺脫這種受傷的情感，但我們可以藉由意志，以積極的心態來看待，並朝著追求自由的方向前進，那麼這種敏感的習慣就會消失。就目前所知，我們在過去或多或少都是一個個性敏感的人，但我們有意識地與它進行了艱苦的鬥爭，這種鬥爭於是漸漸變成了潛意識，直到有一天我們醒來之後，突然發現這種習慣已經消失不見了，這時你可能還會感到十分詫異。即便如此，我們依然不能過度的自信，這可能是對我們的一個考驗，因為個人的敏感個性是非常微妙的東西，它會以各種細微的方式呈現出來，想要完全根除的話，需要耐心地與其進行長時間的鬥爭。

在與別人打交道的時候，我們必須保持溫和、靈活的態度，同時做到積極、向上與友善；嘲笑別人的敏感個性或企圖藉由不斷的指責來幫助他們，都是無濟於事的。

如果由於他人不斷的指責而讓自己敏感的個性變得麻木，那麼這種麻木只會有一個結果——死亡。這一點是我們必須要牢記的。當敏感的個性擺脫了個人的成見，他就可以健康地利用這種個性。我們很快就能發現別人的指責，有時候甚至比常人還要快，但我們並不會為此感到痛苦，只會為對方感到遺憾，我們想的是如何幫助別人，而不是如何阻擋別人。

在我們清除了自身個性中扭曲的部分之後，敏感的個性就能更真實地看到人性在各個階段的表現。當自私以各種形式表現出來，並帶給我們消極的態度時，我們的進步就會緩慢、沉重，令人難以忍受；當我們用積極的態度壓制住各種誘惑以後，我們就能與天國的法則同行，不懼地獄的烈火。任何事情都是我們的興趣決定的，只要這種興趣能夠沿著真實與積極的方向前進就行了。

第九章　自私的痛苦

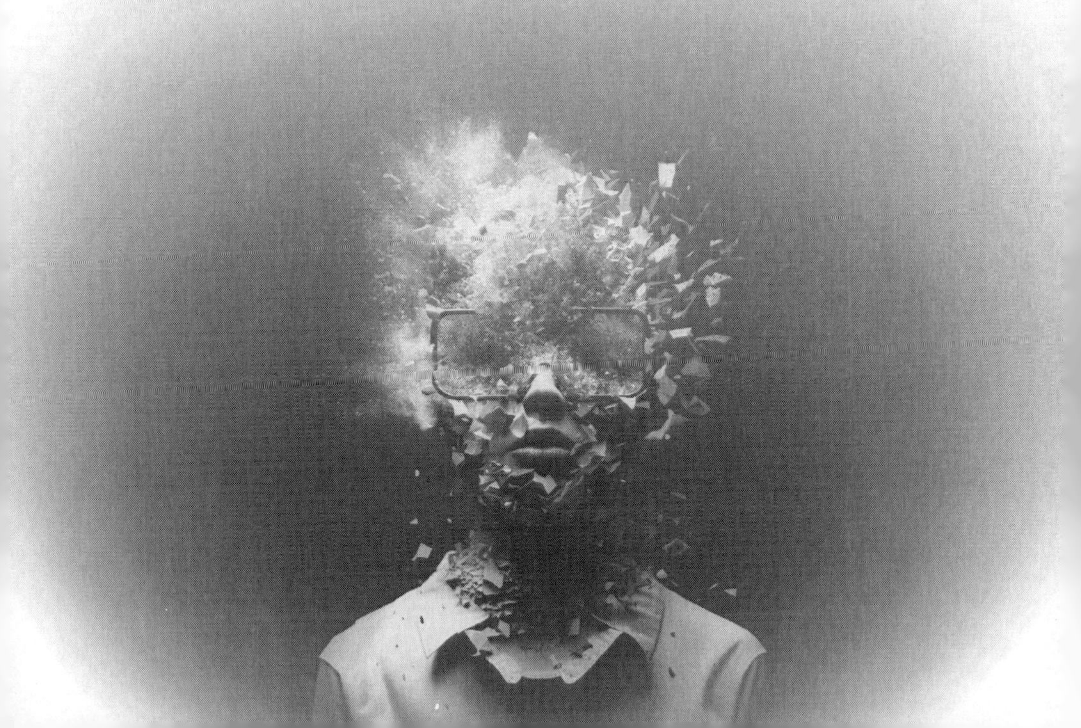

「你有沒有幫到她？」

「沒有。她陷入深深的痛苦中，根本聽不進我的話，甚至不想和我說話。」

「你真是太殘忍了！你說話怎麼能這麼無情呢？她現在陷入低谷，遇到了各種讓她感到失望的事情，還要面對你這麼可怕的人，難怪她會崩潰。你一定沒有遇過她那樣的痛苦，否則……」

說話的人突然停了下來，她意識到自己已經失去了談論的意義，因為聽她說話的這個男人轉過了身，朝著窗外望去，嘴裡還不自覺地低聲吹起了口哨。

事實上，這個男人前陣子非常突然地失去了父母。在父母的養育下，他覺得他很富有，後來卻發現自己身無分文。他不得不離開大學，為生計奔波。他經歷過許多挫折，遇到很多惡劣的人，最後終於藉由努力完成了學業，現在經營著一家中等規模的企業。

那個與他交談的女生是知道這一點的，所以當她發現自己的話語戳到了別人的痛處時，就停了下來。

他突然轉過頭，面對著她，臉上露出了燦爛的笑容，說道：「瑪姬，瑪姬，難道妳不知道一味地沉浸於痛苦之中，終將一無所獲這個道理嗎？今天早上，當那個臉上寫滿痛苦與自憐的女人看著我時，我想對她這樣說：『妳這個愚蠢的笨蛋，難道妳不知道自己的痛苦是因為事情不如意所造成的嗎？』」

「你這是什麼意思？」瑪姬更為憤怒地打斷他，「當你一心為了幫助家裡的弟弟、妹妹而不分晝夜地刻苦學習時，難道你不想事事如意嗎？當你已經盡力了，但卻以失敗告終時，難道你為此感到痛苦也是一種自私嗎？」

「瑪姬，她想要通過考試，對嗎？」

「想通過考試？當然了，她當然想通過考試！」

「但是，她選擇考試這種路來幫助家庭，不是已經被證明是行不通的嗎？」

「也許吧——但這是很好的道路，也是很無私的表現。」

「我並沒有說選擇這條路不好，也沒有說這是自私的表現。這點妳不會否認吧？」

「不會，我當然不會否認這一點。」

「很好。她之所以哭，是因為她想通過考試，但最後卻沒有通過，對嗎？」

「是的，」瑪姬仍然頑固地說，「我想是的，但誰又能幫她呢？」

「我的朋友，現在妳可以回答我這個問題嗎？她遭受這樣的痛苦，究竟能讓她獲得什麼好處呢？」

「什麼好處都不能得到。」

「難道她不是正在失去自己的能量、健康、力量、睡眠或是身體營養嗎？因為她沒有食慾，也無法睡眠，難道她不是正在失去這些東西嗎？」

「是的，是的，她的確正在失去這些美好的東西——你想要說什麼？」

「我想說的是，如果她懷著無私之心去考試，希望能借此獲得受教育的機會，日後再為家人提供幫助，她就一刻也不會沉浸於痛苦和悲傷之中，因為她會拿出所有的勇氣去面對這樣的結果，然後想想接下來應該怎麼辦。」

「那你為什麼不這樣跟她說呢？」

「我跟她說了剛才那些話，雖然沒有這麼直白，但是她認為我這樣說是因為我對她存在著嚴重的誤解。如果我跟她說，她之所以遭受折磨，是因為她想要讓所有事情都順著自己的心意來，那麼可以想像，這會讓她陷入幾近崩潰的精神狀態，至少我們倆以後都不可能再做朋友了。我們最好讓她大聲哭出來，特別是當我們能夠為她在更好的條件下提供一次考試的機會時，也許她就能夠聽進去我所說的話，我覺得這還是有些機會的，在她耍小脾氣的時候，我會繼續照看她的。」

「耍小脾氣？湯姆，難道你不為自己這樣說感到羞恥嗎？」

「瑪姬，一個是默默地幫助她，一個是對她發表一番高談闊論，然後袖手旁觀，妳覺得哪種行為更無情？」

「這個，我認為當然是光說不練的人更無情，但我覺得你在言行上也應該表現出憐憫之情。」

「孩子，我只是告訴妳事實而已。我知道我說話的語氣可能有點重，這一點妳也是知道的。其實，讓妳惱怒的不過是我說話的語氣罷了。她讓自己陷入這種痛苦之中，其實就是在耍小脾氣。如果妳深入探究一下，就會發現她一開始並沒有因為考試失敗而痛苦——她之所以痛苦，是因為她覺得身邊的人都沒有重視她的努力、都不喜歡她，或是沒有像往常一樣地讚美她，所以她用懊惱的情緒來表示反抗。她之所以覺得痛苦，是因為她希望別人都能過來給她一些鼓勵與讚美，能給她一些幫助，但是別人卻沒有這樣做。這時，她的痛苦源自於事情並沒有如她所願，但這不是表現無私的方式，而是完全表現出了她希望得到別人讚美的欲望。瑪姬，我告訴妳，這個世界上有超過一半的痛苦是因為人們想要讓事情遂自己的心意。他們之所以哭得像個小孩，是因為事情沒有像他們想像的那樣發展。我知道這一點，是因為我以前的經歷就能證明。看看妳那兩歲的孩子，在他看到糖果時，難道他不會伸出手臂，想要用手去抓住糖果嗎？而當妳拿走糖果，對他說『不，不，你不能吃糖果』的時候，難道孩子不會哭得更加厲害，甚至像得了失心瘋一樣地喊叫嗎？當時，露易絲・鮑爾斯的臉漲得通紅，根本不聽妳的任何解釋。瑪姬，我跟妳說，她深深地陷入自己製造的痛苦中，根本聽不進去我說的話。她就是一頭自私的豬，但卻堅信自己是一名無私的殉道者。現在，我要想想怎麼幫她。」

湯姆說完就離開了，瑪姬一個人坐下來靜靜地思考。她的大腦一遍遍地自動重複著湯姆剛才說過的話，腦海裡籠罩已久的迷霧似乎消散了。她漸漸感到驚訝，為自己理解了這種全新的觀點感到不可思議。她突然說：「當然，我們都想順心遂意，這一定就是我們感到痛苦的原因。」接著，她腦海似乎又想到了什麼，說：

「但是痛苦本身並不能幫助我們順心遂意。」，接著，她又想到：「對，對，這是放縱——痛苦就是自我放縱的一種形式，本質上與自我放縱是毫無區別的。而在我們無法自持的痛苦過程中，是無法得到自己所需要的力量的。哦，我的天啊，露易絲．鮑爾斯是一頭自私的豬。她哭，是因為她得不到糖果。現在我就去告訴她，她肯定會聽我的話，這一切是那麼地清楚明白——到時候，她聽到我的話一定會感到高興，並迅速走出痛苦，重新獲得力量。」瑪姬立即出發趕往露易絲的住處——此刻，她覺得自己的腦袋充滿了道理，急切地希望能夠表達出來。唉！可是她得到的回答卻是：

「瑪姬，在我忍受痛苦的時候，妳怎麼能這樣對我說話呢？」

「但是露易絲，難道妳還不明白嗎？醒醒吧，如果你能想明白的話，情況一定會完全不一樣的。」

「不！我不懂。妳這麼缺乏同情心，我不想再聽妳說話了。瑪姬，這不像妳啊！唉！我真的好想家！」接著，露易絲把頭埋進枕頭裡，繼續耍著自己的「小脾氣」。

那天，可憐的瑪姬對人性的好壞有了全新的認知。也許，她的這位朋友以後也會明白這一點吧。不過，我真的不知道她究竟什麼時候才能明白。

很多人會理所當然地認為，這種自私的痛苦幾乎是女性獨有的，而男性就不會這樣。我對此表示懷疑。事實上，男性這種自私的痛苦，是透過惱怒與殘暴表現出來的。

我認識一個男子，他的妻子患有重病。他飽受焦慮的困擾，對每一個接近他的人都板著面孔，人們覺得他似乎瘋了。他用這種方法「復仇」，來緩解事情不如意帶給他的痛苦，他希望妻子能夠盡快恢復健康，但這樣的希望完全是出於自私的考慮，只為了讓自己過得滿足、舒適。他有極為強烈的占有欲：她是他的妻子，他不想失去她。所以，這種強烈的痛苦其實充滿了自私的味道，並且用故意冷漠地對待別人與發洩惱怒的情緒表現出來。

「失敗盤旋在我的頭頂，不知道接下來應該怎麼賺錢，妳叫我怎麼能開心起來呢？」某一天，這位丈夫對他那位焦慮的妻子大聲咆哮。

「詹姆斯，詹姆斯，你怎麼忍心讓我這麼痛苦？」這個可憐的女人哀嘆著說。

他和她都沉浸於自我的放縱之中，這完完全全是、自私的痛苦。他說自己已經盡力了，但事情還是這樣，所以感到自卑；她也說自己盡力了，而事情也沒有改善。他們倆都緊繃著神經，將怒火發洩到對方身上。他們都覺得對方太自私了，卻看不到自己的自私。

如果丈夫詹姆斯能夠停止自我放縱，給妻子瑪麗亞一些安慰，他就會讓內心平靜一些，也許能夠更加明白應該如何解決眼下遇到的經濟困境；如果瑪麗亞真心想給予處於經濟困境的丈夫一些幫助，她也應該停止自我放縱，這也許會對他有所幫助。也許，她在理財方面的能力比丈夫更強——倘若她有這樣的機會去證明的話，誰又知道結果如何呢？當然，她也可能會將自己面臨的痛苦轉嫁給已經深陷困境的丈夫，這樣就會讓丈夫的命運變得更加艱辛。

「這些痛苦我都能忍受，但我不能讓某某人忍受痛苦。」很多人會這樣說，而且通常都帶有一種志得意滿的驕傲感，似乎是在宣布：「我這個人多好啊，我從來不會想到自己，我總是為別人著想、為別人忍受痛苦。」但是，我的朋友啊，與希望別人順心相比，我們肯定更希望自己順心，要是我們不能以高標準來要求自己，就更不可能用高標準為別人服務了。

當我們出於自私的目的去承擔別人的痛苦時，對別人是沒有任何幫助的，因為我們的自私讓自己失去了這種作用。當我們發現自己因為別人而感到痛苦時，首先應該做的就是轉移自己的注意力，想想我們能為他做什麼，並且立即去做。如果我們什麼都不做，那就讓自己保持良好的身心狀態，隨時準備著去幫助別人。一般來說，我們幫助別人最好的辦法，就是讓自己處於良好的狀態。

要記住這一點很難，要真正做到這一點更難，因為有一種障礙阻止了我們，那就是：我們喜歡讓別人來感受到自己的重要性——所以，我們會去為別人遭受痛苦，會去為別人做各種事，直到把自己弄得焦頭爛額，然後還覺得自己很無私。當我們的內心完全想著為別人服務，而不是為了表現自己這種心態的時候，我們才能完全放下所有的自私，並且從這種自私的痛苦中解脫出來，讓自己全心全意地為別人提供真正的服務。

也許，由自私帶來的最為流行、也是最應該制止的一種痛苦——恕我直言，就是由於愛人而產生的痛苦。她之所以感到痛苦，是因為她愛他，而他並不愛她。別人的任何勸說都不可能讓她從這種痛苦中解脫出來，結果她身邊的每個人都為此感到痛苦，而她還堅信自己的餘生會一直這樣愛下去。有時，她會覺得自己沒有必要讓別人因為自己而痛苦，或是她太高傲了，不想讓別人知道這件事，然後，她就會把它埋在心底，選擇一種平靜的方式去放縱自己的痛苦，甚至將自己的人生封閉起來。要是這些因自私而痛苦的人能夠懂得做人應該無私一些，那就好了。她們一直想得到那個她們深深地愛著的男人，這是一種帶有強烈占有欲的愛，但這種愛卻是不理想的。

她們想要得到心裡愛的那個人，這種念頭已經固化了，因此她們根本不會靜下心來看待它，也無法確定自己愛上那個人究竟是對是錯。她們從來沒有想過，自己可能只是陷入了一種愛意之中，而不是愛上了某個人。更重要的是，她們並沒有清楚地意識到，婚姻之愛必須建立在互相了解與互相接受的基礎上。無論男女，若是他們覺得自己愛上了某個人，而他們所愛的那個人對此卻毫無反應，那幾乎可以肯定，這就是一個錯誤，這有可能只是對愛的占有欲。我們越早擺脫這種占有欲，就能越早擁有真心愛別人的能力。

我也可以很輕鬆地說：「是的，我們都知道，由自私帶來的所有痛苦，都只是因為我們的欲望無法實現，但我們該如何讓這種欲望停下來呢？」這個問題的回答是，在天生自私的欲望背後，我們自身都有著自由的意志。

用心思考，就能意識到這樣一個事實：我們之所以痛苦，是因為欲望無法實現。這樣的認知能夠幫助我們擺脫自私欲望的控制。當我們不再為了自私的欲望去思考、說話或是行動時，那麼自私的痛苦就能慢慢從心底消失，我們的思路也會越來越清晰。雖然可能沒有想像中那麼快樂，但我們可以懷著安靜之心穩步前進，並對此感到滿意。要獲得這種自由，通常需要很長的時間，但只要我們拒絕生活在由自私帶來的痛苦中，就能毫無怨恨地接受這個事實，認真做好眼前的工作。這個過程需要我們的耐心，只要能夠做到這一點，我們就會踏上追求自由與全新力量的道路。

第十章　行善的自私

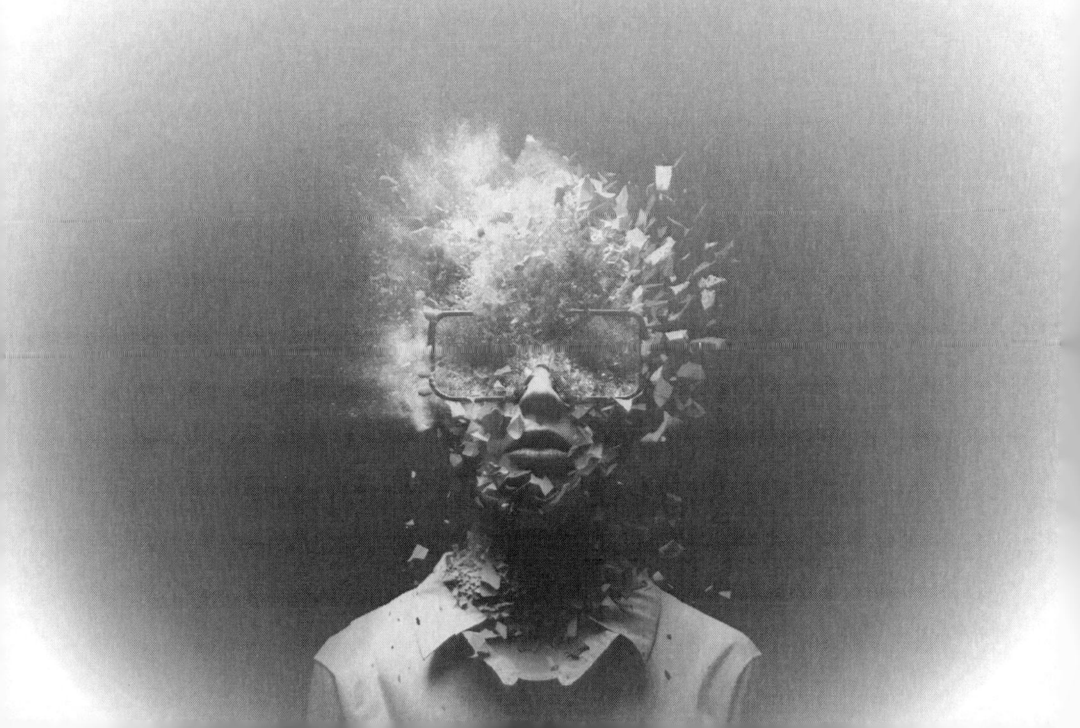

第十章　行善的自私

我們之所以行善，原因可以是希望成為別人眼中的好人，也可以是希望覺得自己是個好人，又或者是我們真心想做一個好人。

如果想要知道一個人行善的動機是什麼，並且判斷這個動機是真實還是虛假，我們所要做的就是專注於這個問題，並且願意挖掘自我。

簡做了一件事，她認為詹姆斯會為此感到高興。她為這件事犧牲了很多，忍受了巨大的麻煩，只想讓詹姆斯到時候大吃一驚，但她在這個過程中也覺得非常疲憊。有人會說：「哦，簡，妳是多麼無私啊！妳從來沒有想到過自己，妳總是在為別人而活，看到妳這麼疲倦真讓人不忍心。」這時，簡會回答說：「沒事啦，只要能帶給詹姆斯驚喜，讓他高興就好了。」「啊，妳是多麼可愛啊！」鄰居會這麼說，並且在離開時認為簡確實是一個不錯的女人。簡也絲毫沒有察覺地沉浸在這種滿足的快樂之中，雖然沒有說出來，但她在心裡認為自己是一個可愛、細心與無私的女人。

確實，她擁有生活在二十世紀的聖人姿態。她的「作品」完成了，驚喜的過程也隨之結束。她告訴了詹姆斯自己為他所做的一切，並讓他好好欣賞一下，但詹姆斯對簡所做的一切並不領情。假如簡能夠更加關心詹姆斯的需求，而不是一廂情願地使用自己的善意，她可能就會知道這樣的結果。詹姆斯不僅沒有感到驚喜或是高興，反而感到震驚與痛苦。在那樣一個激動的時刻，他沒有隱藏自己的不滿，用強烈的情感表達出來了。這對簡產生了什麼影響呢？她的工作、她的疲憊、她的善意與友愛都沒有獲得回報；她沒有得到快樂，她得到的只是憤怒。簡變得很憤怒，淚水止不住地流。她回到自己的房間，關上大門，一整天都沒有走出房門。

哦！簡啊簡，妳這樣做的本意是想讓自己開心呢？還是想讓詹姆斯開心呢？如果詹姆斯對妳做的事感到很滿意，那麼妳會為他感到快樂嗎？又或者妳只是自以為做了一件好事，然後就盲目地沉浸在那美好的結果上了呢？

如果因為詹姆斯不喜歡妳所做的事情而覺得失望，妳就憤怒地哭喊，然後傷心地把自己關在房間裡嗎？如果妳真的想讓詹姆斯高興，而不是純粹為了自己的樂趣，那麼妳就應該重新再做一次，而不是將自己關起來、憤怒地大哭。為什麼妳沒有看清這一點呢？

簡真是目光短淺到了極點，因為她從一開始就很盲目。她為別人做的好事或是為別人著想的時候，都充滿了自私的情緒。她希望詹姆斯能對自己所做的事情感到快樂，當她這種自私的欲望破滅以後，那麼她對詹姆斯的反應感到憤怒，也是很自然的事情。這一切都源自她行善時的自私心態。

要是有人說：「嘿，簡，醒醒吧，這只是一場考驗。妳覺得自己是個好人，是個無私的人，但這件事情證明妳並不是這樣的人。當然，妳覺得失望是很正常的。但如果妳是因為詹姆斯不喜歡而感到失望，而不是對自己感到失望，那麼妳可以立即去更正自己所做的那件事——而不是把自己關在房間裡，顧影自憐。」如果有人跟簡說這些話，而且簡也能聽進去，並且了解其中的道理，然後立即改正，那麼這必然是簡人生中的一個轉捩點，這會讓她逐漸擺脫那種自私心態所帶來的負擔。無論從哪個角度去看，在我們完全拋棄出於自私之心的善行以前，我們的潛意識裡始終都會背負那種沉重的負擔。

簡和詹姆斯的例子是發生在我們身邊很多事情中的一個，也許對絕大多數人來說，這種事情每天都會發生，只是表現的形式不盡相同而已。如果我們能夠明白這個事實、小心這種考驗，並且在面臨考驗時適當地運用，我們就擁有了全新的視野，對別人有了全新的認知，對生活也有了更深的洞察力。自私的善行總是會帶給我們無形的壓力，並且默默地消耗著我們的活力。

刻意擺出一種姿勢肯定比自然的行為需要更大的精力。你最好能做到表裡如一，否則當你在別人或是自己面前「表演」的時候，你的壓力就會翻倍，甚至會扭曲自己的本性。

當某人總是擺出一副好人的姿態，那他這種「好人」能好到哪裡去呢？在我們偽裝自己、表演給別人看的時候，我們能夠用一種輕鬆或相對輕鬆的姿態去挖掘自我；但是在我們把自己都騙了的時候，想要發現這一點是很難的。

「對於你的幫助，我真的感激不盡！」

「哎呀，沒事，應該的，能夠幫助你，我也是三生有幸啊！要是能幫到別人，我也一樣感到十分榮幸。」

上面這段對話，第一個說話的人認為「他這個人真不錯」，第二個說話的人則認為「我確實不錯啊！我表現出了好人的姿態，真是棒極了。」

現實生活中有太多諸如「大哥，謝謝你！我只是一個卑微人物」這樣的說法，它可能在你、我，甚至每個人的身上出現過，也許我們根本就沒有意識到。如果我們想要獲得寬闊的視野與自由的生活，最好鼓勵自己去挖掘真正的自我，並且去掉虛偽的一面。

有人說，精神失常是自負情緒「開花結果」的表現——在我看來，精神失常有時也是所謂「善行」的一種偏激表現。我認識一個人，他交友廣泛，待人友善周到。「只有史密斯先生會想到這一點。」當史密斯帶給生病的孩子一些有趣的玩具時，孩子的母親這樣說道。的確，史密斯對別人的細心周到與友善的言語真的讓人印象深刻，但史密斯的妻子和孩子卻被他慢慢忽視了。一開始，他的妻子覺得他這樣做只是出於善心；她對丈夫的愛是盲目的，在聽到別人讚美丈夫時，她也覺得非常高興。事實上，她與丈夫同時偽裝著、共同表演著。後來，妻子在「表演」的過程中去世了，結束了「夫唱婦隨」的局面。史密斯則繼續維持著一個「好人」的形象。我想，他現在肯定會認為自己是當地最著名的公民，也是最好的人。

對他而言，這種偽裝和表演帶來的危害是慢性的。他的「善行」慢慢被耗盡，使他深深陷入精神失常的漩渦裡。他的智力沒有問題，他平時的生活習慣也很健康，但他的道德偽裝卻讓人深感害怕。極少數人發現了他和他的妻子「行善」是出於自私之心，但大眾還是認為他的人生是為別人而活的。唉！他對自己擁有這樣的聲譽感到滿足。他在餐桌上舉止得體，時常舉辦宗教集會，他會對年輕人談論宗教——用他的話來說，宗教是最實用的。他會與年輕人交朋友，並給予他們建議。這是一個人所能想到最極端的偽裝形式了。在我認識他之前，我甚至從來沒有想過世界上竟然還有這樣極端的偽裝方式。在認識他之後，他的品格與舉止似乎是在指出別人在細節上的偽裝，當然我也未能倖免。我們可以將他這種行為稱為「木偶」，因為連「演戲」都算是抬舉了他。

那些聲望極高、受人尊敬的人都會在某個不為人知的角落裡，出於自私之心去「行善」。他們會定期到教堂，他們會堅定地支持政治改革，他們會捐款給數個慈善機構，更別說單獨捐款給一些小型慈善機構或是個人了。這些受人尊敬與聲望甚高的教會人士都喜歡披上偽裝——用善行來掩飾自己的私心。你無法用教堂禮儀之外的任何方式去接觸他們，不管你的方式是多麼友善。

這個世界上有太多的偽善者、太多的稅吏和太多的原罪主義者。與兩千多年前相比，這些人的表現有過之而無不及。

要是我們稍微研究一下他們的行為模式，再研究一下基督耶穌對這些人的評價與對待他們的方式，然後再回頭看看今天的情況，我們就會發現，在別人或是自己身上，其實也存在著同樣的行為模式。若是我們願意，我們可以遵循基督耶穌的生活原則，他從真正的善意出發，處理那些源自自私之心的善行。直到今天，這樣的處理方式仍舊會給我們帶來全新的視野。

如果我們真的想循著這種視野去發現善行真實存在的基礎，那麼首先就要拋棄那種「我們比別人更加優秀」的念頭。沒有人能夠說出別人身上的真正品格。即便是最為優秀、擁有最獨特視野的人，也只能說某個人在某個位置上是不適合的，似乎更適合另一個位置。在這個世界上，想要從整體上去評價一個人，在他的機會和誘惑之間找到一個平衡點，是不太可能的。很多人都有自大的想法，他們認為只要保持謙卑，就有可能避免對他人的洞察力變得越來越敏銳，和自己的視野變得越來越寬闊的情況出現。

在很多出於私心來行善的人之中，也許真正善良的人不在少數。但我卻沒有見到幾個，可能是因為他們展現出來的光芒掩蓋了他們內在的善心。每當我看到別人身上存在的缺點，我就必須提醒自己應該盡量去避免，這樣我才能幫助他克服這些缺點，當然前提是他給了我這樣一個機會。要說我觀察他之後，就能夠了解這個人的全貌，簡直是痴人說夢，只有全能的上帝才能做到這一點。

第十章　行善的自私

第十一章　另一種觀點

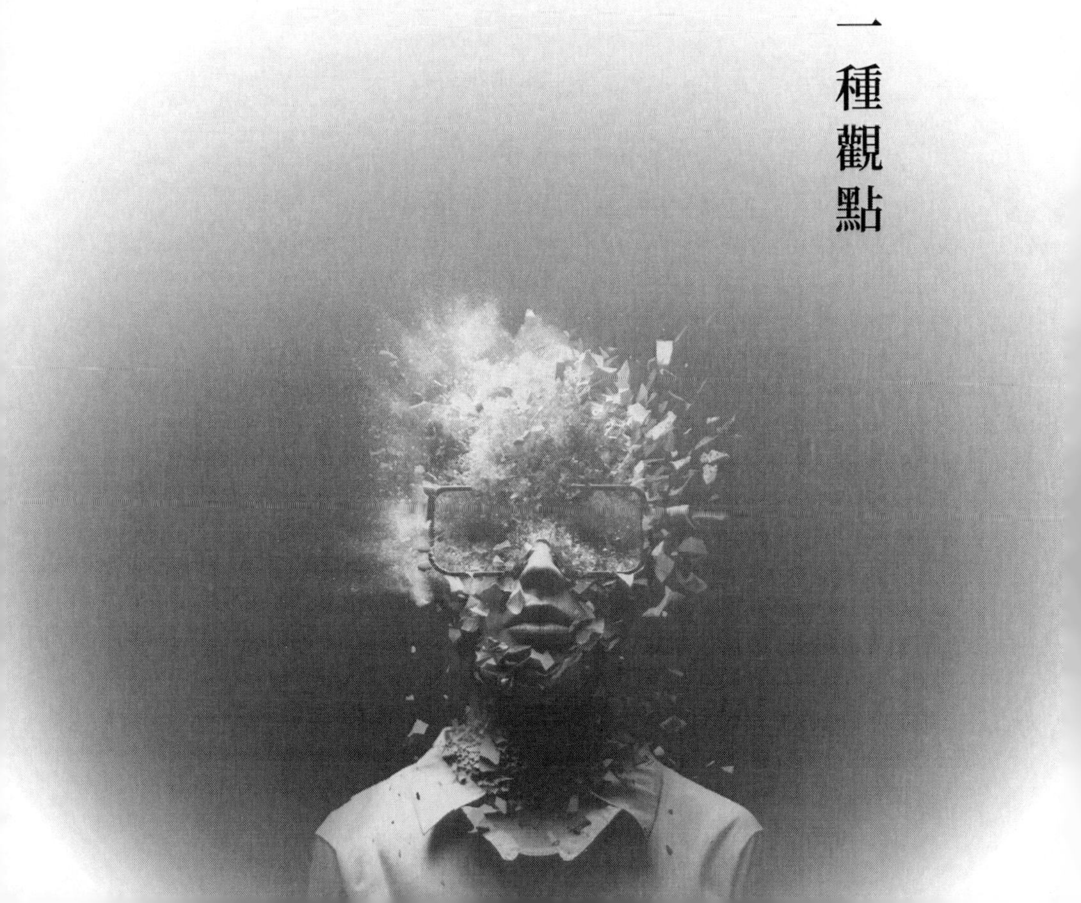

要吵架至少需要兩個人，此話不假；但一個人可以製造和平，這話也是真的。自己能夠主動不參與吵架，這是一回事；理解對方的觀點，並且能以友善互惠的態度去對待對方，這是另外一回事。前者是消極的做法，可能讓自己尚未來得及釋放的仇恨被壓制，而後者則是積極的，但只有當我們擁有最為寬廣、明智的愛意時，才可以做到。

吵架是一種讓人反感的交流方式。「我始終反對與人吵架。」某人說。這個人可能對鄰居的一些行為固執地抱有偏見，但是他壓抑了這種想法。與面對對方、和別人公開吵架相比，他這麼做帶給自己的傷害其實更大。我們壓抑自己的情感，雖然避免了與人發生爭吵，但我們的潛意識會感到憤怒，我們的行為也會因此發生微妙的變化。總而言之，用壓抑情感來避免吵架的做法，既對我們自身造成不良影響，也會對激怒我們的人產生不良的影響。當我們以友善的「糖衣」包裹自身的憤怒時，這種不良的影響仍然會存在。我們所謂的友善，一旦受到某些突發事件的刺激，就會讓壓抑已久的仇恨迸發出來。那時我們就會對自己感到十分驚訝，才會意識到不應將仇恨隱藏在心裡，然後再用友善的「糖衣」緊緊包裹。

生活中的突發事件考驗著我們的人品。那些想要鍛鍊內在力量的人，都會以歡迎的心態去迎接生活的每一次考驗。

這些考驗來自「決定我們命運、控制我們前途的天意」。上天並不會認為這是對我們的考驗，或是專門為我們設置的障礙。專門等待上天的考驗，這是沒有任何意義與價值的。另一方面，要是在考驗到來時不敢面對，那麼我們就會變得軟弱。沒有什麼比勇敢面對不期而遇的考驗，更能讓我們提升自身能力的了。

我認識一位朋友，他曾遭受某人不公正地對待，但他覺得自己已經完全原諒此人了。其實不公正對待他的人就是他的親哥哥。為了照顧哥哥，他經常花費很多心思。他對哥哥極為友善，關照哥哥的需求，盡量為哥哥提供生活方面的必需品。他幫哥哥做了很多事情，這些事情有些哥哥是知道的，而有些則是在暗中進行的。他跟我說，每當他遇到什麼好事，都會跟哥哥一起分享。他這樣說的時候，顯得很真誠，沒有誇張或自以為是的感覺。但是，他哥哥某一天突然在「不公正的路上」走得太遠了，這讓他忍無可忍，之前被壓抑的想法就像洩洪的閘門被打開了一樣，他對哥哥說了一大堆仇恨的話。如果這些話代表的能量能夠被收集起來的話，是足以殺死兩個人的。對於自己的表現，沒有人比他自己更驚訝了。他為人真誠，在內心的仇恨被激發時，他沒有想著去壓抑這種仇恨，而是用各種不堪入耳的話語發洩了出來。當他劈里啪啦地把這些話說完，並且覺得筋疲力盡時，他自己都覺得不可思議。然後，他用一種麻木的語調說話，似乎發現了一個全新的自己：「原來這些東西一直都藏在我心裡啊！」之後的幾天裡，他一直覺得頭昏腦脹，整個人都麻木了。我知道他對自己的行為感到悔恨，因為他偶爾會說一兩句話，表明自己正處於一個改變目標的過程中。與此同時，他沒有為哥哥做任何事情，甚至再也不接近哥哥了。他似乎失去了照顧別人的自信心。但是，我知道他在這方面的能力還是很強的，他只是暫時躲避一下狂風，等時機成熟後，肯定會再度揚帆起航的。有一天，他說：「哈利在給我製造麻煩的時候，總覺得自己是對的。」

「是的。」我回答說，「我知道他是這樣想的。但如果他為人能再更慷慨一些，或是擁有更為深刻的洞察力，他就會知道自己其實正在做一件會讓別人覺得非常卑鄙的事情。」

「但是，」我的朋友說，「他做人並不慷慨，也沒有深刻的洞察力。無論做什麼事，他都是從自己的觀點出發，他覺得自己的觀點總是完全正確的。」

這時，我對他有些不滿，因為我覺得他正在陷入偽善的黑洞。我用尖銳的語氣回答說：「但他的觀點也算不上明智與深刻。當然，你也必須接受這一點。」

「但是，他的觀點卻得到了大多數人的贊同。」

「難道這會讓他的觀點顯得深刻，或是看起來沒那麼愚蠢了嗎？」

「不，不，不，這只會讓他更加無法認清事實和真相。現在，你回答我的問題：他是在做一件自以為完全正確的事情嗎？」

「是的，他認為那是正確的。」

「那麼，有沒有什麼理論可以說服他，讓他知道自己做錯了呢？」

「我覺得沒有什麼理論可以讓他睜開眼睛，看清事實和真相。」

「難道他不覺得他和我一樣，都在為了過上美好的生活而努力嗎？」

「他一定是這麼想的，但我認為他會覺得自己比你更努力。」

「嗯，既然這是他的觀點，那我為什麼不能尊重他的觀點呢？」

此時，我幾乎可以肯定——他陷入了偽善的黑洞中，於是我滿懷著失望地跳起來對他說：「傑克，你在說什麼呢？如果你相信自己的觀點，那你怎麼可能去尊重一種與你的觀點完全背道而馳的觀點呢？這真是太荒謬了。」

「我的朋友，坐下來，先坐下來。」傑克以平靜的語氣說，「你不用害怕，我並沒有用糖衣炮彈式的話語來說服你。」我們都微微一笑，然後我繼續靜靜地聽他說話。

「我所追求的，」他說，「就是絕對的公平，你聽到了沒有？是絕對的公平。如果某人是色盲，誤用了某個顏色，難道我能因為他給我的生活帶來了問題或無盡的煩惱而去責怪他嗎？我不一定要接受他所持的觀點，但我尊重他的觀點。如果我們都是從事科學研究的人，在同等條件下，他要進行某個化學分析實驗，而我敢說這樣做會造成實驗室的損失，也不會有任何好結果。當我把我的想法告訴他以後，如果他還堅持自己的想法，難道我有權利去阻攔他嗎？」

「我覺得你沒有權利。」

「嗯，既然這樣，那他和我一樣，都有堅持自己觀點的權利。這不是一個誰對誰錯的問題，而是關乎個人自由的問題。每個人都應該盡可能地去尊重別人所擁有的自由權利。」

「哦，我明白了。」我有一種茅塞頓開的感覺，心中充滿了前所未有的愉悅感。

「很好，我很高興你能明白這一點，」傑克說，他的臉上浮現出快樂的微笑，就像發現了什麼全新的事物一樣。「現在，請繼續專心聽我說，我還想跟你說一些道理呢，我也希望你能接受。」這時，他咯咯笑了一下，抬起頭，思考著一些問題，他的大腦似乎將他臉上的表情都搶走了——他皺起了眉頭，然後臉上又出現了表情，眉頭也舒展開來了。每一個了解他的人都知道，他肩上的重擔已經卸下。他的哥哥與其他人還是原來的樣子，從外貌上看不出什麼改變，但是，我的朋友傑克，他已經變成另一個人了。我的思路隨之被打開，對傑克所持的觀點充滿了興趣。在傑克以自信的口氣說話時，我極度專心地聆聽。

「現在請你注意這一點，」他說，「難道你沒有看到嗎？問題的根源在於，我一直反對哈利的觀點。」

「你知道他的觀點是錯誤且愚蠢的，你反對又有什麼用呢？」

「但我的反對有沒有讓哈利的觀點看起來沒那麼愚蠢或是錯誤呢？」

「沒有——因為你不認同他的觀點。」

「是，我當然不會認同他的觀點。」

「既然如此，那你反對還有什麼用呢？」

「你應該還記得，我們昨天看了一個故事，故事講某人透過錯誤的途徑慢慢爬到了高位，之後再用貌似誠實的說法來為自己辯護，證明自己的所作所為是正確的。你還記得當時我們都說此人的野心蒙蔽了他的理智，而他那看似有理的說法其實是不堪一擊的嗎？」

「是的。」

「你還記得，這個人為了爬上高位，不擇手段地打壓別人，帶給了很多人傷害的內容吧。」

「是的。」

「他帶給別人的傷害一定比我哥哥帶給我的傷害還大——不論我哥哥怎麼說或怎麼做，是不是？」

「是的。」

「但你對這個人的行為有沒有什麼牴觸呢?」

「沒有,我為什麼要牴觸他的行為呢?這與我無關啊!」

「對,就是這個道理!因為『這與你無關』,而我哥哥的行為卻與我有關。正是我的自私之心對他的做法產生了牴觸情緒,而之前我又在無意識中壓抑了這種牴觸情緒,最後這種情緒終於在某個時刻被喚起。正是因為我出自絕對自私之心的牴觸才讓我沒有發現,原來我哥哥的行為與觀點是完全一致的。正是由於我之前自私的牴觸才讓我們無法像現在這樣看得這麼透澈。當我們尊重別人的觀點,並拒絕牴觸這些觀點的時候,我們的人生將出現另一番景象。別人的觀點可能是完全錯誤的,而我們的觀點可能是完全正確的,但這與此無關。我們必須尊重這種自由,並且讓這種尊重浸透自己的靈魂、心靈與身體。」

我的朋友說到這裡就停住了,因為他知道我被說服了,已經沒有必要繼續說下去了。在我生命中的每一天,我都深信著他的話,因為生活完全證實了這一點。

如果我們尊重別人的自由,即使別人持有錯誤的觀點,我們依然應該靜心聆聽,並真誠地進行理解,這會讓我們變得冷靜。如果對方能意識到自己的錯誤,我們就可以在不激怒對方的前提下去幫助他們。我們絕對不要試圖去勸說別人違背他們的初衷。如果有必要的話，向他們說出事實和真相，至於他是否能夠聽進去，那就隨便他了。如果對方不接受你的幫助，這也已經是你可以幫助他的唯一方法了。

另一種極為重要的情況，就是別人的觀點可能是正確的，而我們的觀點可能是錯誤的。在這種情況下，如果我們真的想追求正確的觀點，而不是固執於自身所持的觀點；要是我們能夠認真聆聽，去理解別人的觀點，那麼我們就有可能發現自身的錯誤，並進行改正。在很多情況下，或者說在絕大多數情況下，雙方可能都是對的，也可能都是錯的。假設甲看到乙對他的觀點表示尊重，並且認可了他所持觀點的合理性，同時乙又願意承認自己的觀點存在不足，那麼甲也會願意聆聽乙的觀點。乙的做法越是公平，甲的做法也會越接近公平。即便甲對乙持有一些偏見，但要是乙能在絕對公平的原則下與甲交流，那麼這種偏見就會慢慢消除。當然，這需要時間，有時甚至需要很長一段時間，但只要我們能夠堅持不懈，就一定能夠獲得這樣的結果。

我們要試著去理解並尊重別人的觀點，因為他們擁有這樣的自由。如果我們能夠按照這一原則去生活的話，無論大事還是小事，都會驗證這個觀點：吵架需要兩個人，但一個人就可以讓雙方的心靈都保持平和的狀態。

真正平和的心態必然是奮鬥之後獲得勝利的結果，正是這種心態，帶給了很多人的心靈力量與影響。據說，亞伯拉罕．林肯還是一個年輕的辯護律師時，他就能夠用一種連對方都能感覺出來的公平方式進行辯護，很多時候林肯在開始庭辯之前就取得了勝利。他懂得如何去欣賞對方所持有的觀點，並對其中正確的一面表示肯定，然後才會在陪審團面前逐一反駁對手的觀點，這樣他就取得了事半功倍的效果。當然，他認為正義是站在自己這一邊的，否則在辯護時也不可能有那麼強的自信。懷著真誠的信念去追求真理，這是我們獲得智慧與力量所必需的態度。只有拋棄了個人的私心、成見，我們才能真正理解：在現實生活中，公平具有無與倫比的價值。

第十一章　另一種觀點

第十二章　大學女生最需要的東西

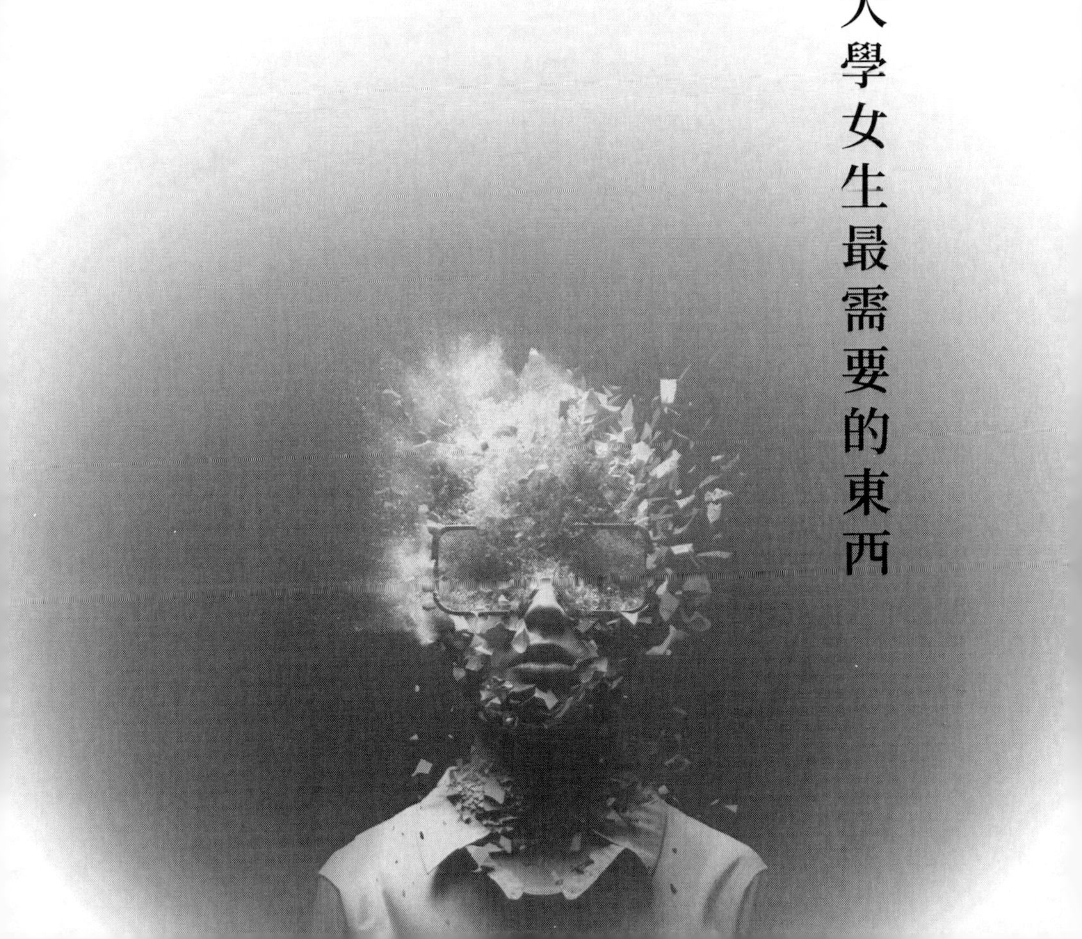

整體來說，美國的女子大學還是從之前的寄宿學校發展而成的，完全複製了男校的模式。現在，女子高等教育迅速發展，部分原因是現有的教育制度存在問題，另一個原因是人們一直努力消除男女在教育方面所存在的不平等狀況。男生的智力遠遠超過了女生，這是不應該發生的。在美國，只有低年級的教育對男女是較為平等的，而高等教育只注重男生教育的狀況注定是難以持續的。

為了滿足女生對高等教育的需求，需要進行各種教學實驗，這些實驗主要有三種形式：一是，男女在同等條件下接受教育；二是，對現有的教學制度進行改良；三是，專門建立女子大學。要評估女生接受高等教育所取得的成果，最好還是採用第三種形式，因為這能夠為女生提供最自由的發展空間，也提供了一個對她們進行觀察或是教學實驗的最為廣闊的舞臺。

目前，美國女子大學的制度基本上是按照男校的教育模式進行的。瓦薩學院、史密斯學院與衛斯理學院等女子學院的創校初衷，就是要讓年輕女生能夠像男生那樣按照規定的課程接受全面教育，這樣會讓男女在智力上不平等的狀況得到改善。在某些情況下，智力上的差異才是男生教育和女生教育最明顯的區別。競技運動在男校所扮演的角色，是女校無法媲美的。在田徑場上觀摩過男女運動員表現的每個人，都不會同意一件事——男女應該執行統一的競技標準。誠然，在設備完整的女子大學裡，我們也能找到體育館的影子，到處能見到女生們在進行各種室外運動，但這不應該成為女子與男子執行相同競技標準的理由，即便是極力主張男女要在智力上實現平等的人，也不會要求男女應該在體育館或是田徑場上達到相同的水準。

在男子體育代表的教育中，並非只是注重體育鍛鍊，而是讓體育鍛鍊和智力、道德、宗教教育等一起發展。也就是說，體育成了實現目標的一種途徑，而不是目標本身。對個體而言，這一理念的扭曲並不會影響基本的事實。大學教育的權威人士一直在研究，想著用什麼方法去限制體育運動的發展，正如他們在制定課程時要考慮到男生應該平衡、理性地發展一樣。我們現在遇到的問題是，體育運動的熱情需要被壓抑，而非鼓勵這種熱情。

在女子大學，又是怎樣的情況呢？情況就是，幾乎與男校完全相反。權威人士需要研究的事情，不是怎樣限制體育的發展，而是強制女子大學開展體育教育；他們並沒有鼓勵女子大學開展智力方面的教育，而是進行壓制。這種巨大的教學差異造成了男女教育極大的反差，在我們考量女子大學的發展時，是必須考慮到這一點的。在獎學金與紀律方面，無論女校如何複製男校的模式，我們都必須知道雙方在體育方面始終存在著巨大的差異。女校不能盲目效仿男校的教學方式，更不能有這樣的錯誤認知：只要女子大學建立了體育館，並且強制女生進行划船、打網球或是搖呼啦圈等體育鍛鍊，就算是實現了大學教育的目標。

對男生來說，肌肉鍛鍊是體育的首要目標。在鍛鍊的時間、要求的標準與條理上，肌肉鍛鍊都是排在首位的。體育的成功在很大程度上決定了我們能夠在心理或道德教育方面上也獲得成功。雖然也有一些人在身體出現殘疾時，能在智力上取得不俗的成就，但上述這一點在大學教育中依然是普遍適用的。

在我們的學校或是大學裡，要發現女生最需要進行哪些體育鍛鍊是很容易的。在絕大多數情況下，集體的需求都是個人缺點的誇張表現。任何曾經去過女子大學或是與女生同住過一段時間的人都會承認，女生們普遍處於一種慌張與緊迫的狀態。「沒有時間」，這是她們每天從早到晚都會發出的感嘆。憂慮與匆忙幾乎成了每個在校女生普遍面臨的問題。即便她是一個有著快樂性情的人，做事不匆忙、不為自己感到憂慮，但還是無法完全抵禦自身的壓力。女子大學帶來的精神壓力對她們來說太強大了，無論是在老師還是學生，她們的臉上都清清楚楚地寫明這一點。正因為如此，每年都有不少學生由於過度學習導致精神崩潰。但更讓人覺得悲哀的是，很多人並沒有完全垮掉，而是處於一種接近崩潰的狀態，忘記了心態與身體處於正常狀態時是怎樣的狀況。面對這樣的情況，我們只會覺得，女生在正常狀態下會有多麼美好的一面，她們的體質應該能夠承受日常生活的壓力，只有這樣才不會出現精神崩潰的現象。勤奮學習的女生對體育運動的需求最為強烈，這一點是很明顯的。那些還無法意識到這一點的女生會過著不正常的生活，無法明白自身的需求。不論男女，在他們習慣了室內不良的空氣以後，就不會在意，但室外的人一旦進入這樣的房間，就會生病。

想要知道女生什麼時候壓力最大，就要看她們在考試期間有什麼樣的表現了。普通的女生或是女性，她們在面對考試時，都會感到極大的壓力，處於一種焦慮、匆忙與恐懼的心態。我們要注意，男生與女生之間的這種區別是非常明顯的。大學男生在考試期間，神經當然也處於一種緊繃的狀態，但他們這種緊繃的狀態遠遠不及女生那麼明顯。同樣是面對考試，但男生和女生卻感受到了不同的壓力。對此的解釋是，他們參加的體育運動不一樣，在足球、划船或是其他室外運動等方面的差異，能夠讓男生以全新的活力投入學習，並使他們的神經系統保持平衡狀態。但是，當女生試著藉由體育運動來修正她們的軟弱時，卻將大部分神經能量都消耗在了競技遊戲上，導致她們投入學習的精力不夠，甚至導致她們出現了神經緊繃的情況，必須等大腦恢復活力後才能繼續正常的學習。其實，這種平衡可以透過其他方式來獲得。

讓我們簡單研究一下「女性氣質」所引起的這種壓力吧。女生的自我意識是她們最大的敵人。當然，風俗習慣也是其中的一個原因，因為人們通常都有這樣的觀念：男生要讚美女生，而女生則只能被讚美。因此，女生從小就生活在「受人讚美」的狀態中，她的自由因此受到相應的損害。很少人能夠真正意識到自我意識帶給神經系統的壓力，若在自我意識的基礎上再加上一種敏感的心思，那我們就接近了能夠解釋這個問題的完整答案了。豪威爾曾經向我們談到，新英格蘭地區的女性智商都不是很高，但她們的意識卻像房子的一角那麼大，當時我認為他可能有些誇大其詞。如果這樣去理解，他的話可能就是正確的了——即使讓她們擁有更大的腦容量，也無法減少女性意識所占有的空間。男性在自我意識方面不像女性繃得這麼緊，而且他們敏感的個性也不會呈現出病態，對他們造成實際的傷害。男校的風氣，無論對教職員工或是學生而言，都比女校更輕鬆，他們感受到的壓力還不到女生的十分之一，因為女生會在許多毫無必要的事情上消耗精力。學生的臉說明了他們的故事，男生所承受的壓力相對而言沒有那麼明顯。

這個對比強調了我之前的觀點，即對於大學女生來說，她們最迫切的身體上的需求就是學會如何休息。這種休息不是無所事事的休息，也不是愚蠢空洞或缺乏活力的休息，而是要讓身心得到足夠的休息。這意味著女生可以擁有充滿活力與健康的神經系統，讓她們全心全意投入到學習、工作中去，能自由地參加各種活動，不會在匆忙中失去本性。我們一開始就妄下結論，認為適合培養男生的方法也必然適合女生，不管這種結論在日後會出現怎樣的變化，女生都理應得到優先的考慮。在我們滿足女生獲得適當休息的身體需求後，就能讓她們藉由鍛鍊身體來實現增強力量的目的。

在女子學校與女子大學裡，雖然都有體育館或是各種運動設施，但在滿足女生體育鍛鍊的需求上，似乎還沒有展現出明顯的效果。很多女生總是無法獲得運動本身所要達到的效果：首先，她們在運動時消耗了太多的神經能量；第二，透過研究她們在學習方式、整體心態及身體的一般習慣上，我們發現其實可以藉由體育鍛鍊來為她們提供體力。現在，我們首先要做的，就是教會女生如何在身心處於健康、正常狀態的時候，去面對工作、在自然狀態下做好工作；憑藉自身的力量完成事情，而不是整天為學習擔憂、害怕自己學不到知識，更不是從早到晚都害怕完成不了功課。不需要為了毫無必要的負擔而焦慮，不需要對老師懷有病態的恐懼，不需要以一種感受到持續壓力的態度去面對生活。只要我們稍稍注意到這一點，就會發現這個問題的嚴重性。女生一旦養成了這樣的習慣，日後假如自己當老師的話，她所教的學生就會強烈地感覺到這種習慣，老師身上的緊張情緒會被學生所感知。在日常的學習生活中，獲得適當的休息成了當今女生最重要的需求。

那些觀察到這種趨勢的人，會以司空見慣的態度說：「讓這些女生多鍛鍊吧，多吸收一點新鮮空氣吧。讓她們擁有充足的睡眠，吃得更有營養一些吧。那麼她們身體的最大需求就能夠得到滿足。」若是我們注意到不健康的狀況剛剛冒出頭，那麼對少數女生而言，這樣的解決方法就足夠了；但是對絕大多數女生而言，這樣的方法是不夠的，而在一些情況下甚至是完全行不通的。這個習慣已經流傳了好幾代，想要加以克服，必須清楚地意識到這種習慣會讓我們失去的能量，並且要擁有重新獲得這些能量的巨大信念。誠然，這種思維習慣在我們心中已經根深蒂固了，導致很多人無法在學習或玩耍中保持平和的心態。現在，部分女生認為某些不正常的生活習慣就是自然的表現，正常的生活習慣反而是不自然的方式，這樣的女生不在少數。正如一名女生曾經極為坦誠地跟我說：「我能保持一定的亢奮，但要讓我端著一壺水上樓的話，就會很疲憊。」我知道這是一個極端的例子，但實際上並不少見。說服這個女生或是有著同樣不正常生活習慣的女生，放棄這種習慣去過正常的生活，就可能會為她們的生活帶來災難性的後果。她可能無法真正了解這個世界或是自己，並且深受其害。這種事情必須一步步來做，因為讓她恢復到正常生活狀態的過程，就如同治癒一個酒鬼的過程。

假設美國的學校在一開始制定教學標準時，就把消除學生焦慮的情緒、做事匆忙的習慣，以及讓女生恢復積極生活、好好休息的狀態作為目標——假如這就是女子學校的主要目標，她們就能夠擺脫「缺乏時間」的疾病，老師們也能夠接受一個原則：教學的目標並不是讓學生學到具體的知識，而是教會學生思考的能力。這才是學校或大學立足的根本。一個女生即使在學校沒有學到多少知識，但她能夠掌握如何學習知識的方法，也就足夠了。要是這個目標能被老師及學生了解，那麼她們就會更加重視學習方法的教與學，而不是只顧著掌握某一門知識的具體內容。要是我們使專注獲取知識的欲望處於次要的地位，那麼在同一時間學習的知識將幫助我們完成接下來的深造，即便是離開學校多年以後，我們依然能相對輕鬆地學習。要是我們的心智習慣了在不經意間吸收知識，並且能夠消化及運用，那麼我們就不會糾結於那些毫無意義的事實。當我們意識到知識與思想其實存在著某種關聯之後，女生最大的需求就一定能夠更容易地得到滿足；儘管大家一直以來都在強調知識的重要性，但女生們「缺乏時間」的傾向也終將漸漸消失。當一個女生總是感覺自己處於匆忙的狀態時，她就會失去平衡的心態，不管她的工作看上去有多麼出色。

對我們的模範學校來說，這是它們應該做出的第一個改變，下一個重要的改革就是要在日常的教學工作中進行節奏上的改變。要讓身體與心智健康，就必須讓我們處於動作與反應的狀態，而不是動作與停頓的狀態。當我們讓自身的一系列功能完全獲得了自由之後，專心工作能夠讓我們的身體獲得最完美的休息。確實如此，動作與反應就是一種規律的順序，就像我們處於徹底休息的睡眠狀態時，身體就會趁這個機會補充能量，讓我們在醒來後充滿活力。

女生們應該進行充分的鍛鍊，選擇食物的時候應該要有所注意，要保證充足的睡眠時間，老師與學生之間要保持一種友好互信的態度，不應過於多愁善感。假設這樣有益的狀態正處於恢復的過程，那麼我們的目標就仍然沒有實現。過去那種匆忙與憂慮會悄悄潛入女生的心靈，讓她們產生強烈的感受。因為女生的母親、祖母或是曾祖母都會遺傳，更不用說父系那邊遺傳下來的因素了。我們的學校依然可以培養學生學習的能力——藉由強調正常的休息，而不是無所事事的休息與強制性的學習。透過可以忘記自我的休息來調節，一般都能夠讓女生們進入一種愉悅積極的狀態。「自由」是比「休息」更好的一個詞語，因為自由包括休息。在追求身體與心靈的自由時，女人應該進行特殊的培訓。如果以獲得自由為目的的特殊培訓日後能夠在學校中實現，那麼這個目標及真正自由的精神就會被所有教職員工所擁有，而這恰恰是目前只藉由休息來獲得力量的老師或女生所嚴重缺乏的。

這種培訓應從身體的鍛鍊開始，包括對聲音的訓練。如果我們在這個過程中仔細認真地工作，就能夠影響到我們的心理，接下來，對心理有幫助的特殊培訓將會展開。但是，我們應該先打好基礎，讓女生們「站起來」，讓她們知道身體在處於完美的平衡狀態時，意味著能夠擁有更好的工作頭腦。隨著身體不斷開始工作，每一次培訓都有著同一目的：將真正的自由用在學習及背誦上面。因此，心靈與身體是相互作用的，女生會感覺自己正脫下套在身上的枷鎖。建立在自我限制基礎上的自由，將引導我們走向源於自我意識的自由，這是對神經系統唯一有益的方式。一個接受了這種訓練的女生，除了在緊急情況之外，一般都能夠很好地控制自己，因為她學到了如何控制自己保持自然的狀態。

在鍛鍊身體方面，如果能夠開設一門想像的課程，對於獲得真實的工作原則會更有幫助。在班級中，女生們應該進行深呼吸訓練，這不僅能夠讓內心平靜並且獲得休息，還能讓我們重新獲得活力，有助於穩步前進。深呼吸能避免我們陷入極端的放鬆狀態，它與極端緊繃的神經一樣，都是十分有害的。一個神經緊繃的身體一旦處於放鬆狀態，深呼吸便能夠讓身體避免出現過於激烈的反應。在一開始進行深呼吸訓練的時候，我們會發現在擁擠的教室裡，真正懂得深呼吸的人是極少的，而她們對於如何平靜地呼吸也沒有什麼概念。長時間平靜地呼吸能夠帶來緩解作用，但是只有當我們懂得了如何以最為輕鬆的方式去呼吸，才能感受到這種緩解作用帶給我們的最佳效果。不過即使我們尚未獲得這種能力，正常呼吸也能夠緩解中度的歇斯底里狀況、能夠緩解怯場的恐懼。教室裡的學生在進行深呼吸訓練時，最好分開來做，這樣能夠讓她們明白安靜的深呼吸是怎樣進行的，在呼吸的過程中去感受自己，而不是像平常那樣無意識地呼吸。有一種觀點認為，我們吸氣就是在安靜地呼吸，我們要避免這樣的想法，因為那就好比拿著虎頭鉗夾住自己。

在學生們進行這些體育鍛鍊時，應該先保持安靜——一種自然的安靜，而不是強制性的安靜。透過學生們的努力，可以達到讓人欣喜的程度，因為某人的心靈會對別人的心靈產生影響，在一個大班級裡，心智比較軟弱的學生會受到心智比較強的學生的影響。教室裡的每個學生對於深呼吸都會有普遍的看法，安靜只能藉由呼吸訓練來獲得。整體來說，老師應該始終牢記：從一開始，自然的安靜就是我們所追求的目標。透過日常的深呼吸訓練，可以讓我們獲得有節奏的呼吸——從二十五歲到五十歲，這也是另外一種鍛鍊的方式。在某個人身上，這種鍛鍊所取得的效果是非常明顯的，要是同班同學能夠一起進行鍛鍊的話，效果將會更加明顯。深呼吸對大腦的益處眾所周知，它不僅僅是一種呼吸，更是一種能量消耗最少的鍛鍊方式，它對我們身體有很大的益處。在教育學生的過程中，我們應該採取緩慢而常規的方式來放鬆肌肉，進一步緩解神經的壓力，這都是可以藉由深呼吸做到的。在進行特殊的深呼吸訓練與放鬆鍛鍊後，再進行聲音的鍛鍊，並將聲音的鍛鍊培養成一種常規的習慣。女生們的聲音普遍缺乏自然的平衡，這說明她們在說話的聲音和方式上存在著很大的問題。女生應該像鍛鍊自身其他功能一樣，去學習鍛鍊的方法，讓自己的聲音獲得真正的自由。

關節與肌肉柔韌性的鍛鍊應該在接下來進行。這樣的鍛鍊包括使力的方向，而且這種力量通常是極為迅速的，但必須在完全自在的情況下進行。進行鍛鍊的時候，必須專注於需要鍛鍊的身體部位，不要對身體的其他部位產生不必要的影響。接下來，我們要試著去鍛鍊出自身更好的平衡力與彈性，最後以安靜的呼吸及聲音鍛鍊來結束。這應該是一個循序漸進的過程，這樣的話，女生們就不會感到很難理解。雖然老師在教育過程中不能偏離中心目標，但女生們還是可以將這些鍛鍊當成一種自然的習慣。要是女生無法從課堂上獲得全新的活力，並且不知道在學習或是遊戲的時候如何運用這種自然的法則，這便是失敗，它直接說明了老師缺乏真正的引導精神，或者是教室裡的空氣不適合呼吸。負責教授這些課程的老師應該先遵循兩個條件：第一，她應該在日常生活中遵循自己教給學生的法則；第二，她絕不能假裝自己是遵循這些法則的完美代表。老師應該留給學生這樣的印象：老師和學生是一起的，需要共同遵循這些法則。有了這樣的理解與富有愛意的耐心，那麼一位女教師就不難喚起女學生身上的優點，除非她所處的環境對她極為不利。

我以前就曾經在一個教室裡嘗試過這種鍛鍊身體的方式，透過鍛鍊來幫助一個女生感受到活力與積極的休息狀態，滿足她最大的需求——休息的能力。藉由鍛鍊，我們就能在面對緊急情況時保持冷靜，在麻煩解決之後，能夠迅速使危機帶來的亢奮感平復下來，直到它完全消失。這種鍛鍊還能讓我們忽視各種煩惱與憂慮。的確，當一個女生擁有了一種能力——能辨別自己的憂慮有哪些是神經系統的原因，哪些是因為消化不良或身體其他方面的毛病，並據此進行排解，這已經是一種非常強大的能力了。假如必須這樣做的話，她能像承受痛苦那樣去承受憂慮的情緒，並且承認這些憂慮確實有其存在的基礎；但只要她願意，她就可以迅速放下憂慮。如果女生在學校裡學到了如何去面對各種形式的煩惱及憂慮，那她們就能避免陷入很多毫無意義的痛苦之中。很多女人的神經系統都受到了傷害，但是她們竟然沒有絲毫察覺。過於敏感的神經會促使女人做出各種荒唐的事情，讓她失去難以彌補的活力，因為她沒有學會如何分辨疲憊的狀態與失衡的神經。透過這種訓練，她便能夠明白不需要凡事都那麼認真；有些事情看上去很重要，但其實都沒有那麼重要。

對於人們在氣質上表現出來的差異，一般人都很少報以寬容的態度。不久前，我看到兩個女生進行網球比賽，其中一個女生要把自己訓練得更自由，她的動作更迅速、優雅，身體的柔軟度也更強，但是她的精神顯得十分興奮，似乎父母遺傳給

她的活躍基因依然控制著她。她的表情看上去有點緊張，場邊的觀眾幾乎都是她的朋友與崇拜者，大家都希望她能夠贏得比賽。她清楚地知道別人對自己的盼望，而且有一種強烈的感覺——自己是別人的焦點。而另外一名選手則是一個鄉下人的女兒，看上去肌肉發達、面無表情。在整個比賽的過程中，她臉上的表情一直沒有變化。她不認識在場的觀眾，也不在乎她們的存在，她顯然知道，在場的觀眾一邊倒地希望自己的對手獲勝，但她還是按照自己的打法，全心全意地投入到了每一拍上。當然，最後她贏得了比賽。一個看熱鬧的人臉上掛著充滿優越感的微笑與一點輕蔑的語氣對我說道：「你看，『放鬆』並不總是能夠贏得比賽。」我的回答是：「是的，但是你的鄉下女孩是因為『更加 放鬆』才贏得比賽的。」那位輸掉比賽的女生，個性比對手更為敏感，因此她必須花更長的時間去獲得心靈的平衡。而她的對手卻在一個較低層次上獲得了平衡。以戴安娜為例，將她送到鄉村，讓她接受鄉村的影響，在過了五年之後，她在首場比賽時依然會輸給那個面無表情的對手。這時，我們的批評者會說：「我的朋友，你看，受崇拜的女性並不總是能贏。」

那麼，對於那些擁有良好教養的女性，她們的身上遺傳了祖先世代的神經緊張因素，我們對她們應該有什麼期望呢？戴安娜也許能夠在第二場比賽中獲得勝利，因為她立即就能找到自己第一場比賽失敗的原因，並調整身體狀態，以最佳的姿態去迎接之後的比賽。要是這些被人崇拜的女生能夠意識到自己必須按照既定法則對神經系統進行有益的調節，那麼她們就賺到了。我們想要讓女生走向圓滿的狀態，就只能藉由培養休息的能力，然後讓她們正常地發揮自身所擁有的能力。她們要做的工作比五年後的戴安娜還要多，她們的觀察力也能得到相應的提升。

關於這個主題，我們需要關注一個細節。要最大限度地發揮從鍛鍊中獲得的能力，我們就必須以自然的方式去做好眼前的事情，生活本身也要處於有序的正常狀態。對女人來說，把自己鍛鍊到更加輕鬆地去工作的狀態，以求能夠在生活中做那些超過身體承受範圍的工作，是一種錯誤的想法。當一個女人感覺自己能力增強，可以做更多工作的時候，她就很難感受到自然的休息狀態。當然，要是我們學會了如何休息及不浪費能量，我們就能取得更大的成就。所以，我們需要了解制約自己的條件，並且學會揚長避短。一方面，這種限制可能會減少；另一方面，這種限制可能會達到驚人的程度。很多人認為，為了獲得正常的休息而進行培訓只會導致疲憊，但他們卻沒有意識到，人們都將希望寄託在了這些培訓上。所以，學校的整體氛圍必須改變，這樣才能教會女生如何去鍛鍊健康的身體，並擁有最健全的心智。有一位患有嚴重疾病的年輕人，醫生告訴他繼續上大學是毫無意義的，因為他沒有繼續學習的能力，所以他就聽從醫生的囑咐，每天只學習兩個小時。但是他每天都以最佳的狀態來利用這兩個小時，最後他通過了大學考試，並且以第一名的成績畢業。其實，他每天除了那兩個小時之外，其他時間都處於休息狀態。要是他發現自己擁有如此強大的專注力，試圖用一天之中所有的時間去學習，那麼結果對他來說將會是個災難。

這個國家就像一個早熟的孩子，因為他展現出了讓人驚訝的能量與專注力，並有著強烈的表現欲。除非這個孩子能夠冷靜下來，去享受一個孩了本來自然、調皮的生活，否則他就有可能「小時了了，大未必佳」。當然，在這個國家裡，母親是最需要平和心態的人。

簡而言之，那些努力學習並認真參加運動的健康男女，都能從自己的行為中獲得回饋，他們會在某個時段，放下手邊工作好好地休息；而一些人則會來回踱步，對過去的行為感到焦慮。後者可以透過身體上的鍛鍊與道德上的勸告，最後匯入同樣安全的「洪流」。若是她們願意的話，又或者這種鍛鍊開始得比較早，她們一定能夠完成這種轉變。當有意識的休息或休閒的活動在大學裡成為自然而然的事情、成為大家潛移默化的一種行為時，大學最偉大的力量也就出現了。在這種情況下，無論男女都會對自身不太尊重自然法則的行為極為敏感，並能夠迅速改正，就像他們現在對自身不遵守其他法則的行為一樣，他們對此感到惱火。之後，他們便會覺得身心獲得了真正的自由，而我們通常只能在健康的孩子身上發現這種自由的影子。

女生所接受的教育應該能夠為她日後所從事的工作打下牢固的基礎，並且能讓她發揮出最大的潛能。若她想要日後在工作中做到最好，就要在大學期間學會如何用健康的方式去運用大腦的能量。在這個時代，男人活在世上，無時無刻不在面對著誘惑與精神上的壓力。要是他帶著過度緊張的情緒回家，發現妻子也處於相同的狀態，那麼女性這種精神上的壓力會讓他感到無法承受，他無法再從家庭找到休息的感覺，因為這只會讓他感受到更大的精神壓力；妻子帶給他的壓力能夠讓他在幾個小時內覺得比連續幾天從事體力勞動還要累。

與此形成鮮明對比的是，女性身上展現出的淡然自若能夠對男性產生影響，例如在他回家後能夠感受到輕鬆的氣氛，存在於家裡的一種溫和的力量，這是他不會錯過的。

由於一般女性的精神狀態比男性更容易受到刺激，所以培養淡然自若的狀態不僅可以讓女人影響男人，還可以讓母親來影響下一代兒女。所以，在日後的歲月裡，淡然自若的心理無論是在學校還是在其他什麼地方，都會被視為一種理所當然的態度。當然，如果從學校或是大學就開始培養女生的這種心態，所取得的效果不是更好嗎？

第十三章　消遣

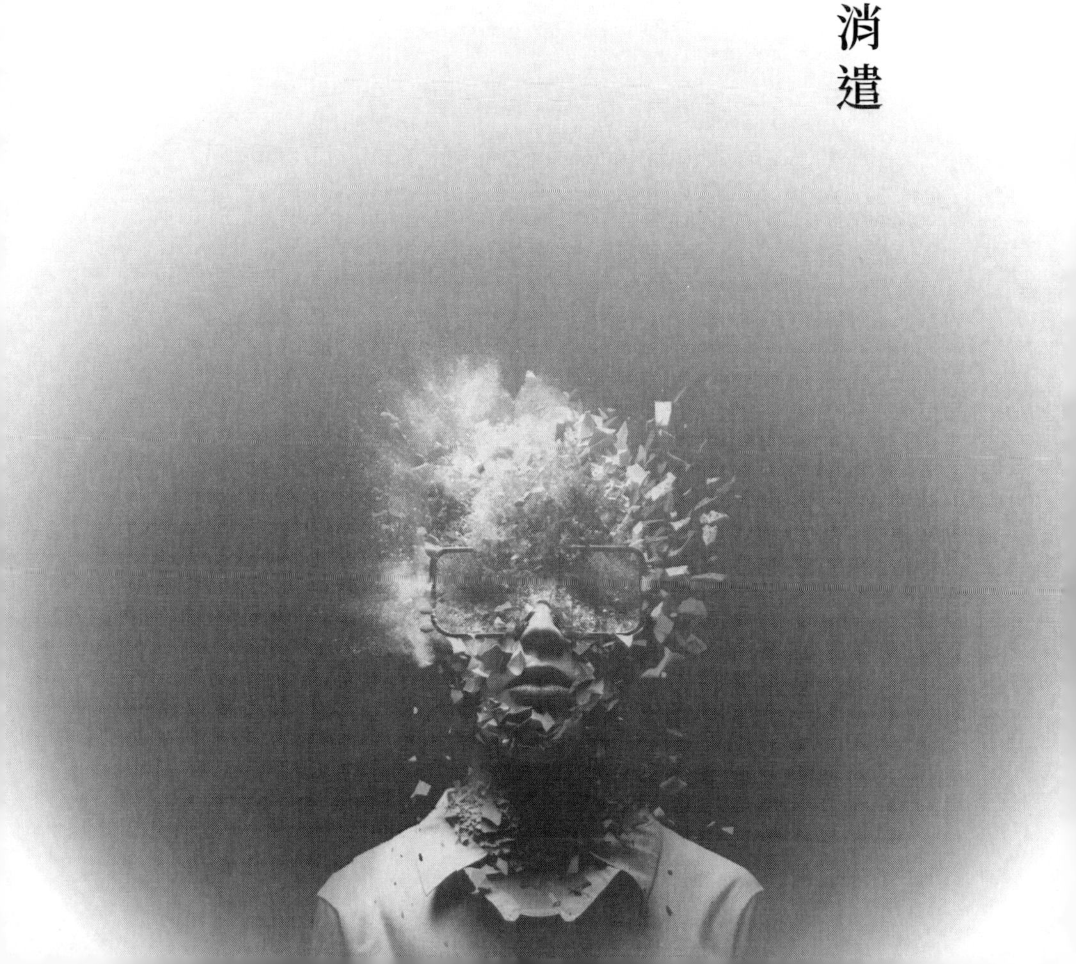

「我必須不停地前進，因為如果停下來的話，我就要思考，但是我不想思考。」這是一位十分理智的女士所說的誠實話語。讓人遺憾的是，像這位女性的例子並不少。有很多男女都會發自內心地說出這樣的話。我記得一個人，他皺著眉頭，帶著一副害怕去做自己不願做的事情的表情，努力地想從騎馬打獵中得到消遣及樂趣。我從未見過一個騎在馬背上的人露出那樣獨特的「愉快表情」，因為那場面讓人覺得實在是太虛假了。他了解騎馬的術語，也知道如何才能成為一名快樂的馬師，但是他的歡樂背後似乎缺乏主導的靈魂。每當我聽到他說話，就會感到莫名的悲傷，因為我敢肯定，他這樣做的目的是製造他非常開心的假象給別人看。我之所以特別舉出這個例子，是因為如果將這個例子放到顯微鏡下觀察，我們就能發現那些並非源自內心真實想法的娛樂，都是毫無意義的。所有想透過一些毫無意義的消遣活動來讓自己去逃避的人，心底都會感到同樣的悲哀，但絕大多數人的悲哀都是更為隱秘的，不會浮出表面。除非在每一個人不可避免的反應到來時，這種悲哀才會以極端壓抑或極端醜陋的方式呈現出來。我們經常能聽到別人說：「我不覺得心情沉重，也沒有感覺熱血沸騰。」他們這樣說，似乎表明他們的心態總是處在永遠固定

不變的狀態。也許，他們還為此感到驕傲呢。如果長年堅持進行觀察，我們就會發現，如果這些人的目光沒有專注於如何找尋平衡的心態，那麼他們的心態要麼繼續沉重，要麼繼續高漲，到了最後，他們的生活通常都會在痛苦的「狠摔」中結束，或是感到一成不變的壓抑與沉悶，讓他們覺得這種心理上的折磨實在難以忍受。

許多男女試圖躲避自己在生活中應負責的責任，這種行為就像是小孩想藉由去釣魚來逃避數學功課一樣。他知道自己最終都是要做的，但他就是害怕去做。他之所以還害怕，就是因為他不喜歡數學，所以他不斷藉由各種消遣活動來轉移自己的注意力。首先，他會嘗試蹺課，以此來躲避聽課，然後他會覺得這樣做不太實際，於是被迫乖乖地坐在桌子前，手裡拿著鉛筆進行運算，但他還是會藉由在紙上畫畫，或是捉蒼蠅，抑或朝著其他同學扮鬼臉來轉移自己的注意力。他知道，如果他無法完成功課，那麼下課後，他還是得留在教室裡繼續解答數學題。但是，他習慣性地想著如何轉移注意力，忽視要做的這些數學題。然而，放學後他被留在了教室裡，老師監督著他，他也讓老師無法準時離開，在老師的催促與監督下，他最終完成了功課。他和老師在回家後都是脾氣暴躁，心中憤憤不平。

第十三章　消遣

少男少女們在離開學校以後，通常都會透過各種活動來分散自己的注意力，而不是認真地做好自己的工作。他們不知道藉由消遣來轉移注意力會帶來什麼樣的後果，要是他們知道自己遲早都得完成這些工作，肯定會覺得震驚。當然，還有一些人壓根就不知道自己原來還有工作要做。他們寧可做任何與解決問題無關的事情，也不願意面對自己必須解決的問題。我記得某人，他的肩上承擔著重要的商業責任。他有能力去解決面臨的問題，因此在工作上發揮了積極的作用。但是他不願意動腦筋，不願意堅持去做某事，雖然只有這樣才能成功地完成工作。他的生存需要他做好自己的工作，不僅如此，很多人的生計都與他有關，他所在的企業成功與否，對整個國家都會產生一定的影響。我曾認真地觀察過他的行為，因為我們是朋友，所以他的問題就是我的問題。有一天下午，我坐在他的辦公室，看見還有一大堆事情要做的他拿起電話，詢問某人一個小時後是否有時間一起打網球。看到他這樣做，我差點暈過去。我一句話都沒有說，因為即使我說出自己的感想，他也不會聽我的。從那一天起，我就看到他不斷地用各種消遣活動來分散自己的注意力，直到最後，他因為無法完成自己的工作，被迫放棄了肩上所承擔的責任。幾乎所有人都不敢相信他會失敗，因為大家都知道他是有能力取得成功的。但是沒有幾個人知道，他並不喜歡那份工作以及工作帶給他的憂慮，所以他才會從各種消遣中尋求解脫。後來，他在同一領域內的其他公司裡獲得了成功，這是因為他的習慣已經把他逼到了一個角落，他必須拒絕消遣活動，保持工作狀態，以此來拯救自己。現在，對於將自己趕到角落裡的命運之神，他始終心存感激。

消遣，如果是一種能夠讓我們以更加充沛的活力重新投入工作的方式，那麼這不僅是有益的，更是必需的。但假如消遣活動的作用只是讓我們逃避責任，或是讓我們暫時忘記必須面對與克服的難題，那麼這就等於慢性自殺。

很多人在消遣活動中所消耗的精力，比完成大量工作本身還要多。他們之所以轉移注意力，是為了逃避困難的工作；他們選擇逃避生活中的一些問題，而不是面對問題，並且勇敢地去解決；他們不承認自身的品格有問題，不敢去解決。這些人不斷地從消遣活動中轉移自己的注意力，他們總是覺得自己需要刺激，就像一個人剛開始喝一點酒就醉了，但當他養成酗酒的習慣之後，就需要喝很多酒才能產生輕飄飄的感覺。

一開始，消遣活動是很有趣的，可是到了後來，那些以此為樂的人就離不開消遣了，甚至需要在興奮的感覺中尋求刺激。

要是那些想藉由消遣來逃避繁瑣工作的人能夠意識到，他們現在逃避的工作是必須做的，否則其他工作就會變得更難，而且接下來的工作也會帶給他更加痛苦的感覺。

這個問題必須解決，不然那些想要解決這些問題的人的大腦就會退化，變得缺乏能力。真正的品格必須經過鍛鍊，否則人比一個毫無生氣的物體還沒用。

目前比較流行神經衰弱的治療方法就是去消遣娛樂，但很少有人能夠意識到，這種治療方法其實是膚淺與暫時的，它的功效就像神經鎮靜劑。機能上的疾病與神經衰弱，都是因為我們無法讓自身及環境處於和諧的狀態，當然我們品格中的缺陷也是一種原因。想要治療這些疾病，我們必須從源頭根治。如果病人的神經因為某些消遣活動暫時得到了放鬆，而一旦他回到原來的環境，或是重新開始原先的生活之後，他的自私也就失去了任何緩衝的餘地，神經方面的疾病也會復發，讓他失去活力。每當他們重返原先的環境，藉由消遣活動來讓神經獲得緩解的成功率就會降低。

「遺忘！遺忘！遺忘！要是我們能夠遺忘一切就好了！」我們經常聽到別人這樣說，但是真正應該做的是不要遺忘，不要遺忘，不要遺忘，而是去統治！

讓你的人生更加有規畫、讓你心靈的地平線慢慢升起，不要害怕任何事情，要勇敢面對並且處理好任何工作，直到你完成了這些工作或讓它變成一種經驗和智慧。我們遲早都是要找尋自由的，否則就要下地獄了。我想，在地獄下面，是沒有任何消遣機會的。

「那些將人生消耗在揮霍放縱，但看上去依然人模人樣的人，」一位醫生對我說，「你見過他們扭到腳踝，或遇到一些普通的意外事件時的表現嗎？你不會見到的，因為他們身上沒有任何力量能夠支撐他們，所以無論遇到什麼問題，他們都會立即崩潰。」

只想藉由消遣來轉移注意力，而不是像個男人一樣面對生活的人，會覺得自己很安全，即使他們真的思考過，而且依然覺得自己很快樂，但只要稍微碰到一些考驗，他們就會潰不成軍。當消遣活動變得越來越不現實時，他們已經沒有力量去面對眼前的工作了。

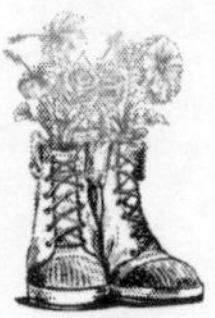

第十三章　消遣

像個男人去面對問題並加以解決，這能夠讓我們擁有神經肌肉——如果我們可以這樣稱呼的話——神經肌肉，這種肌肉能讓我們健康成長，不斷賜予我們全新的力量。當我們圓滿地完成工作之後，消遣才算得上一種祝福與助推器。雖然我們將消遣活動當作為接下來的工作注入活力的行為，但我們都需要全心全意地投入娛樂。隨著生活閱歷的增加，消遣娛樂所帶來的力量也將隨之增加。倘若消遣只是為了遺忘、為了逃避、為了掩蓋懶惰，那麼就會讓我們變得軟弱與虛偽。能夠為生活注入全新活力的消遣，可以讓我們不再逃避需要面對的工作，是圓滿生活的一部分；如果沒有它的存在，生活就是不圓滿的。我們的生活目標越高，就越具價值，那麼在消遣時就越能感受到像孩子一樣的健康樂趣。

第十四章　過好每一天

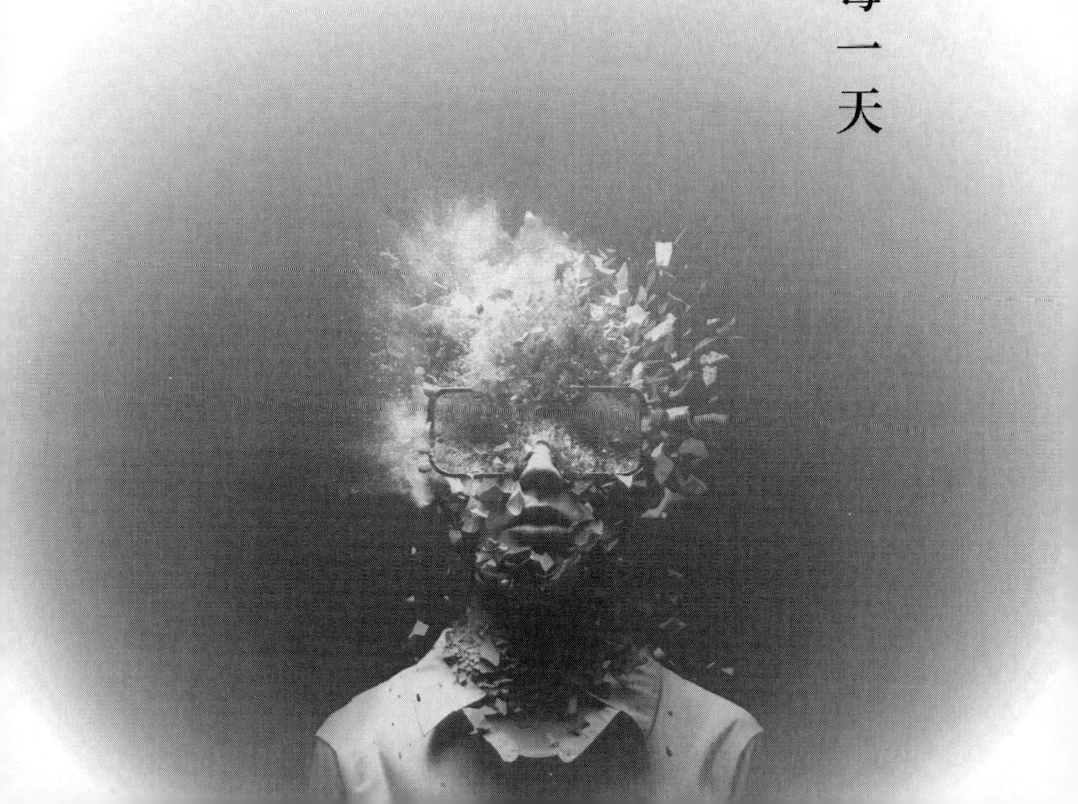

生活中的危機與考驗就像是溫度計，清晰地顯示我們是否過好了每一天。我們之前可能過著舒適安逸的生活，也會認為自己是比較優秀的人，但是環境突然的改變卻讓我們猝不及防，無法立即適應全新的環境。因為無法迅速、沉穩地適應，我們身上自私的一面就會展現出來，會容易變得惱怒、粗暴地對待別人，然後對自己變成這種樣子感到驚訝。我們從來不曾想過，自己原來這麼沒有教養。一旦身上潛藏的缺點在不經意間暴露出來，我們就會明白，自己應該在日常生活中把這些缺點慢慢改掉。這樣的認知還是很有趣的。

如果我們懷著一顆真誠的心為鄰居服務，並且在行為與精神上友善地對待別人，認真地履行自己每天的職責，那麼當考驗來臨的時候，我們就能輕裝上陣、積極應對，並在這個過程中增強自身的品格與力量。

考驗會暴露我們身上自私的一面，我們應該為自己能看到這一面心存感激。因為如果我們根本不知道自己存在這樣的問題，改進就無從談起。所以說，考驗是一種祝福！因為考驗暴露了我們的弱點，讓我們知道應該克服什麼。我們要時時刻刻記住這一點：在日常生活中就應該努力工作，獲取克服困難的力量，只有這樣才能在面臨考驗時無所畏懼。

我認識一位老婦人，她的智慧與品格的力量在她的朋友之間廣為流傳。我也很尊敬並愛戴她這兩種人格特質，並為自己擁有這樣一位可以尋求建議的朋友而心存感激。在她舉行的一次社交活動上，大家談論著某個一般性話題。她對於這個問題的觀點有著一定的權威。但實際上，這並不是一個觀點對錯的問題，而是一個每個人都可以抒發個人看法與見解的問題。當別人的觀點與她相左，並舉出了很多例子時，她從椅子上站起來，用力地摔門，離開了房間。其實那個人的觀點不過是就事論事，根本就沒有針對某個人的意思。當時，這位老婦人就在自己家裡，那些朋友都是她請來的客人，但她居然無法容忍別人持有與自己相反的觀點，並最終將這種不滿爆發出來。在她衝動的那一瞬間，她的表現可以說是極度無禮，而且當天晚上，她沒有再出現在眾人面前。

老婦人的行為讓很多人跌破眼鏡，因為那些人認為：她不僅是個好女人，而且在心靈與舉止上都是極有教養的人。我對自己說，她之前的行為只不過表面的偽裝罷了，而當她以前遇到考驗的時候，也只不過是暫時壓抑了自己內心邪惡與自私的

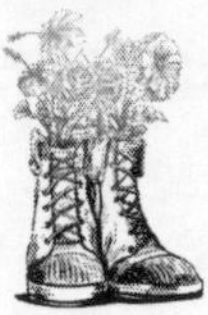

欲望。現在她年紀大了，神經系統沒有以前那麼強的力量了，也就失去了控制的能力。這個解釋最後被證明是正確的。

同理，當我們疲憊的時候，控制內心想法的能力就會變弱，惱怒或氣憤就會從心底悄然升起。我們可以為別人惱怒或是不友善的行為找一個藉口——他們之所以如此是因為感到疲憊或是生病了，但我們絕對不能為自己找這樣的藉口。如果惱怒或氣憤的根源——自私——在我們身上並不存在的話，那疲憊或是生病都不可能讓我們忍不住發脾氣。所以當惱怒從心底浮現出來的時候，我們應該感到高興，因為我們知道接下來應該怎麼做了。我們不僅不能表現出這些不良習慣，還要將這些不良習慣的根源全部清除掉，並在日常生活中保持開放、坦率的態度，時時刻刻防止這些習慣死灰復燃。如果那位老婦人以前就能從生活中的考驗中汲取教訓，消除心中因為自私而養成的不良習慣，那麼她在八十歲的時候，就不會還像個孩子一樣站起來，當著客人的面摔門而出；相反地，她會隨時準備傾聽與自己截然不同的觀點，並且用充滿智慧的言語來表達自己的觀點，她甚至有勇氣坦承自己觀點中的錯誤，並且承認以前沒有意識到的真理。

如果我們追求的是真理，而不是自己的欲望，那麼不管是透過自己還是別人的智慧去發現真理，都足以讓我們感到欣慰。

想要真正過好每一天，就要在日常生活中不斷地提升自己、做好應對考驗的準備，不要試圖去壓制內心自私的一面，而應在考驗過程中使它完全浮現出來，然後徹底清理乾淨。

如果我們不願意面對自己的錯誤和缺點，就會導致大腦萎縮，這遲早會對我們造成影響。我們對自己越了解，就越能夠準確地改善，越早獲得真正的自由。好的醫生是不會讓病人的血液中殘留一絲有害物質的，因為他知道這樣會帶給病人傷害。我們不應該壓抑腦海中自私的欲望，因為這比血液中的毒素所造成的危害更大。

過好每一天是一門學問。若我們想過好每一天，它將是一門非常有趣並且有益於健康的學問。當我們意識到自己所能做的，就是讓人生處於一種平衡的狀態，面對自己無法控制的事情，最好的辦法就是盡人事，聽天命，這能夠讓我們避免許多毫無必要的煩惱與壓力。研究如何去過好每一天，將會對我們越來越有益。

我們最需要的，就是健康、堅定的常識與過好每一天的信念。我們需要相信什麼呢？這麼說吧，我們要相信永遠正確的運行法則。如果我研究電學，要先遵循電學方面的固有規律，否則電燈就不會亮、電話就不會響、汽車的輪子就不會轉動。要是我致力於科學方面某個領域的研究，我必須先遵循這個領域的法則，否則研究工作將一無所獲。透過對法則的遵循，使我知道了自己正走在發現未知法則的道路上。在遵循法則時越加嚴謹與富於智慧，那麼我們的能力就能夠得到更快的提高，我們的視野也會變得更加清晰。當然，我們在遵循自然科學法則時的心態，不一定要像法則本身一樣死板。在生活中，人在精神層面的運行法則，是自我坦白與各種機遇事件混合在一起時所產生的結果。對於需要遵循的固定法則，我們必須嚴格遵守——過好每一天的法則也是需要每天嚴格遵守的，就好比蒸汽船的引擎要遵循它的工作原理一樣。精神層面的法則與物理法則在這一方面存在著巨大的差別。相對而言，自然科學的固定法則是死的，因為這些法則對應的是物質；但人性法則卻是充滿活力的，因為它面對的是物質背後充滿活力的各種動因。

即使亦步亦趨地遵照自然科學的法則去做，我們依然有可能獲得圓滿的成功，

因為精神上的運行並不影響這些自然科學法則的正常運作，只要它能得到完全執行就可以了。但是人性的法則——這種代表著心靈成長的法則——卻是完全不同的，因為我們要處理的是心靈的法則，所以必須保持真誠與無私的精神，否則我們的一切行動就將毫無意義、沒有成效。

表面上看來，我與鄰居的關係極為友善，但我的內心卻可能十分憎恨他們；表面上看來，我很正直、很誠實，但內心卻可能像一個小偷一樣，在欺騙著別人；表面上看來，在人生的各個階段，我都受人尊敬——我可能是教堂的主要捐助人，可能是政治上的改革者，可能是社會的啟蒙者——但也有可能，我在禮儀或是教養方面做得滴水不漏只是一種偽裝，我其實已經爛到骨子裡了。

在與心靈法則有關的情況中，我遵循著過好每一天的生活法則，力求在言行舉止上給其他人留下好印象。但在內心深處，我並沒有真心實意地去遵循這些法則，而這些法則所產生的活力卻都源自我們的精神是否遵循它。如果我們內心遵循這些法則，那麼結果是顯而易見的；如果我們只是表面上遵循它，但內心卻並不這樣認為，那麼只要稍微遇到一些緊急情況，就有可能擊碎我們脆弱的自尊。

為什麼會有那麼多受人尊敬、但內心不夠真誠的人暴露出自己的真實面目，但有些人卻始終能夠做到表裡如一呢？這個問題的答案需要借助上帝無窮的智慧來解答，而不是凡人那有限的智慧。顯然，在危機到來的時候，通常能夠讓我們判斷出誰是膚淺與毫無活力的，誰是堅定與充滿活力的。任何對「過好每一天」的深度及廣度有興趣的人，都會感激那些讓他們暴露出不足的種種考驗，這樣他們就能夠發現自己的缺點，並加以改正。

做好本分工作，首要的一點就是要盡自己的全力，並從工作中感受到樂趣。在工作職責之外，做其他一些有用和極具價值的事情，在不影響正常工作的前提下，去享受生活的樂趣，這會促使我們將工作做得更好。要是我們能夠心甘情願接受這樣的法則，那麼我們的行為自然也會變得真誠。想要更深入地遵循法則，自我的成長與能力的提升就成了必不可少的條件。

還有一點需要說明：所有的法則都必然是從一個中心點向外放射的。我們這個星球上所有自然法則的運行，就目前所知，都可以追溯到太陽所發散出的熱和光，所以自然法則可以追溯到上帝的精神，這種精神就是宇宙的中心。造物者賜予所有物質的能量，一定都是上帝所具備的。上帝賜予我們個人的意識，難道他就沒有屬於自己的意識嗎？所有精神上的法則都是從他那裡來的，遵循他的法則必然引導我們走向他，我們就能夠知道，自己與上帝、與其他人的關係不僅僅是同類這麼簡單，更是共同遵循著一種精神上的法則。

只有真正遵循上帝的法則，我們才能從「過好每一天」每一條法則中的細節及寬廣的延伸中，獲得真正的力量。

官網

國家圖書館出版品預行編目資料

拆破生活的「謊言」，在情緒潰堤之前：氛圍重建 × 性格解析 × 金錢控制 × 行為探討，著手每一處細節，揭開「偽裝」的人生 / [美] 安妮 · 佩森 · 考爾（Annie Payson Call）著；佘卓桓 譯 . -- 第一版 . -- 臺北市：崧燁文化事業有限公司 , 2023.05
面；　公分
POD 版
譯自：Every day living
ISBN 978-626-357-309-3(平裝)
1.CST: 人生哲學 2.CST: 生活指導
191.9　　112005276

拆破生活的「謊言」，在情緒潰堤之前：氛圍重建 × 性格解析 × 金錢控制 × 行為探討，著手每一處細節，揭開「偽裝」的人生

臉書

作　　者：[美] 安妮 · 佩森 · 考爾（Annie Payson Call）
翻　　譯：佘卓桓
發 行 人：黃振庭
出 版 者：崧燁文化事業有限公司
發 行 者：崧燁文化事業有限公司
E-mail：sonbookservice@gmail.com
粉 絲 頁：https://www.facebook.com/sonbookss/
網　　址：https://sonbook.net/
地　　址：台北市中正區重慶南路一段六十一號八樓 815 室
Rm. 815, 8F., No.61, Sec. 1, Chongqing S. Rd., Zhongzheng Dist., Taipei City 100, Taiwan
電　　話：(02)2370-3310　　　**傳　　真**：(02) 2388-1990
印　　刷：京峯彩色印刷有限公司（京峰數位）
律師顧問：廣華律師事務所 張珮琦律師

定　　價：220 元
發行日期：2023 年 05 月第一版
◎本書以 POD 印製